[1] Hauptbahnhof

Idealer Ausgangspunkt für einen Streifzug durch die alte Universitätsstadt Tübingen ist der Hauptbahnhof unweit des Neckars südlich der Altstadt. Er entstand in den Jahren 1861/62, als die Obere Neckarbahn (heute Neckar-Alb-Bahn), aus Stuttgart kommend, über Tübingen bis Rottenburg am Neckar verlängert wurde. Die damals ca. 8000 Einwohner Tübingens erhielten eine Bahnverbindung nach Stuttgart, die Hauptstadt des Königreiches Württemberg. Einige Jahre später führten auch die Hohenzollernbahn (heute Zollernalbbahn) und die Ammertalbahn über Tübingen, das damit zum Eisenbahnknotenpunkt wurde.

Der Tübinger Bahnhof mit seinem heute noch erhaltenen Empfangsgebäude geht auf Pläne des Architekten Josef Schlierholz zurück. Er verlieh ihm 1862 jene charakteristischen Rundbögen, die als so genannter Rundbogenstil viele deutsche Bahnhöfe der ersten Generation bis etwa 1870 kennzeichnen. Heute existieren nur noch wenige davon. Der Hauptbahnhof Tübingen ist eine sehenswerte Ausnahme. Auf dem Bahnhofsvorplatz, dem Europaplatz, befindet sich der Omnibusbahnhof. Von hier aus führen Buslinien in das gesamte Stadtgebiet sowie ins Umland. In die Altstadt gelangt man zu Fuß über die mehrspurige Europastraße und durch eine kleine Parkanlage.

Josef Schlierholz
1817–1907, Architekt, Baurat, Direktor bei den Königlich Württembergischen Staats-Eisenbahnen. Schlierholz besuchte die Bauakademie in München und das dortige Polytechnikum. 1862–1865 lehrte er Baukunde an der Universität Tübingen. Ab 1867 leitete er den Bau der Donautalbahn von Ulm nach Immendingen. Dabei setzte er erstmals für den Hochbau in großem Umfang den kostensparenden Beton ein. Schlierholz legte großen Wert auf Funktionalität seiner Bauten und schwäbische Sparsamkeit. Der König von Württemberg erhob Schlierholz für seine Lebensleistung in den Adelsstand.

[2] Uhland-Denkmal

__Ludwig Uhland__
1787–1862, Dichter, Gelehrter, Jurist und Politiker. Geboren in der Tübinger Neckarhalde 24, studierte er in seiner Heimatstadt Jura, sein Interesse galt jedoch der Literatur und Dichtkunst. Nach einer Zeit als Jurist in Stuttgart kehrte er 1830 nach Tübingen zurück, lehrte als Professor für deutsche Sprache und Literatur an der Universität. Im Revolutionsjahr 1848 wurde er Abgeordneter der Nationalversammlung. Neben seinen Gedichten, die ihn zum populärsten deutschen Dichter des 19. Jahrhunderts machten, brachten ihm Geradlinigkeit und selbstloser Einsatz für die nationale Einheit große Anerkennung ein.

An der Uhlandstraße grüßt von hohem Sockel eine der berühmten Geistesgrößen Tübingens: Ludwig Uhland. Das bronzene Denkmal steht mitten auf dem Platz der Stadt Monthey und ist eines der bedeutendsten Standbilder der Stadt. Im November 1862, unmittelbar nach dem Tod des Dichters, warb ein eigens gegründeter »Verein für Uhlands Denkmal« um Spenden für ein Standbild zur »dankbaren Verehrung für den großen Dichter und tiefen Forscher, für den edlen Menschen und deutschen Patrioten«. Die großangelegte Aktion hatte Erfolg. Rund zehn Jahre später, am 14. Juli 1873, wurde das für Tübingen und die württembergischen Demokraten bedeutsame Uhland-Denkmal enthüllt. Schöpfer des Werkes war der Dresdner Bildhauer Gustav Adolph Kietz, Ehrenmitglied der Dresdner Akademie und Schüler des bekannten Bildhauers Ernst Rietschel. Das Denkmal entstand im Stil des Realismus und Spätklassizismus. Bei der wirklichkeitsnahen Nachformung der Gesichtszüge Uhlands soll dessen Totenmaske als Vorbild gedient haben. Der imposante Sockel trägt an drei Seiten Figurenreliefs: Sinnbilder für Vaterland, Dichtkunst und Gelehrsamkeit. Auf der Rückseite befindet sich die Inschrift zu Ehren Uhlands: »Dem Dichter – dem Forscher – dem deutschen Mann – das dankbare Vaterland«.

[3] Neckarinsel

Eine kleine Brücke, das Indianerstegle, führt über einen Flussarm des Neckars zur Neckarinsel mit der Platanenallee. Als die Stadt Anfang des 19. Jahrhunderts aus den Nähten platzte und über Stadtmauer und Neckar hinweg erweitert werden sollte, wurden 1828 zur Abgrenzung der Altstadt 96 Platanen gepflanzt. Jetzt bilden die fast 200 Jahre alten Bäume eine der schönsten Alleen im Land. Spazierwege, Bänke, Liegewiesen laden zum Verweilen ein. Die Insel entstand um 1910, als der Flut- und Gewerbekanal auf der Südseite der Allee angelegt wurde.

In ihrer Mitte steht in einem Rondell unter Bäumen das wuchtige Friedrich-Silcher-Denkmal, geschaffen 1939/41 von dem Bildhauer Julius Frick. Das Monument instrumentalisierte den Komponisten und seine Lieder für die nationalsozialistische Propaganda. Es ersetzte einen klassizistischen Obelisken mit marmornem Porträtrelief, der ab 1874 zu Ehren Silchers hinter der Neuen Aula gestanden hatte, 1928 in die Platanenallee versetzt worden war und heute nicht mehr existiert.

Das dicht bewachsene Seufzerwäldchen steht im Ruf, ein versteckter Ort für Liebesabenteuer zu sein. Am westlichen Ende, vor der Alleenbrücke, trifft man auf ein Denkmal für die Schriftstellerin Ottilie Wildermuth, 1887 »gewidmet von deutschen Frauen«,

Philipp Friedrich Silcher *1789–1860, Komponist der Romantik. Der Musiklehrer wurde ab 1817 erster Musikdirektor der Universität Tübingen und prägte das Tübinger Musikleben maßgeblich. Er sammelte Volkslieder und komponierte Kirchen-, Jugend- und Hausmusik. Viele seiner Lieder wurden populär, u.a. »Alle Jahre wieder«, »Lorelei«, »Wenn alle Brünnlein fließen«. Das Lied »Der gute Kamerad«, bekannt als »Ich hatt' einen Kameraden«, das Silcher 1825 auf ein Gedicht Uhlands von 1809 komponierte, wird bis heute bei militärischen Trauerfeiern gespielt. Im Nationalsozialismus diente es zur Verklärung des Soldatentodes.*

Silcher-Denkmal

Ottilie Wildermuth 1817–1877, Schriftstellerin, verheiratet mit dem Philologen Wilhelm David Wildermuth, der am Lyzeum in Tübingen, dem heutigen Wildermuth-Gymnasium, lehrte. Zum Freundeskreis gehörten die Dichter Ludwig Uhland und Karl Mayer mit ihren Familien. Ottilie Wildermuth schrieb heitere Familien- und Jugendgeschichten, Lebensbilder und Schilderungen schwäbischen Lebens, gedruckt in populären Zeitschriften wie »Die Gartenlaube«. Hoch verehrt wurde sie auch wegen ihres sozialen Engagements. 1871 erhielt sie in Württemberg die große goldene Medaille für Kunst und Wissenschaft.

wie die Inschrift besagt. Das Medaillon mit bronzenem Brustbildrelief wurde von dem spätklassizistischen württembergischen Bildhauer Wilhelm Rösch (1850–1893) geschaffen. Ob der sittenstrengen, religiösen Ottilie Wildermuth das »verruchte« Seufzerwäldchen als Platz für ihr Ehrenmal gefallen hätte, ist allerdings fraglich.

[4] Tübinger Neckarfront

Unter den Platanen führt der Weg am Neckar entlang – mit Blick auf die malerische Silhouette der Altstadt, die berühmte Tübinger Neckarfront. So wandert der Blick entlang der vom Neckar umspülten Stadtmauer über die Giebel mittelalterlicher Fachwerkhäuser bis zum gelb gestrichenen Gebäude mit dem runden Hölderlinturm unter spitzem Schieferdach. Dahinter präsentieren sich das gewaltige rote Dach der Stiftskirche und ihr markanter Turm. Nach links folgen repräsentative Gebäude der Universität, über denen hoch oben auf dem Berg das Schloss Hohentübingen thront. Zu Füßen des Betrachters gleiten auf dem Neckar bei schönem Wetter die Stocherkähne dahin. Der Weg zur historischen Altstadt führt am Ende der Platanenallee die breite Treppe hinauf über die Neckarbrücke.

[5] Eberhardsbrücke

Tourist & Ticket-Center *Mo–Fr 9–19 Uhr, Sa 10–16 Uhr, Mai–Sept. auch So 11–16 Uhr, www.tuebingen-info.de; Tel. 07071 91 36 0*

Die stark befahrene Neckarbrücke heißt offiziell Eberhardsbrücke. Vermutlich gab es an dieser Stelle bereits im 13. Jahrhundert eine hölzerne Brücke über die Furt des Neckars. Sie leitete Menschen und Fuhrwerke mit Waren von den nahegelegenen Handelsstraßen in die Stadt und trug zu ihrem Wohlstand bei. Graf Eberhard im Bart ließ 1482–1489 eine steinerne Brücke über den Neckar bauen. Sie besaß fünf Bögen, war rund acht Meter breit und wurde zum Stolz der Tübinger. Als König Maximilian I. 1499 die Stadt besuchte, fand ihm zu Ehren ein Festmahl auf der neuen Brücke statt. Mehr als 400 Jahre hielt sie den wachsenden Verkehrsströmen stand. 1893 sollen täglich bis zu 1000 Zugtiere die Brücke passiert haben. 1899 bewilligte der württembergische Landtag 450 000 Mark für den Bau einer neuen Brücke. Sie entstand an gleicher Stelle innerhalb von zwei Jahren – mit zwei elegant geschwungenen Bögen und einer Breite von 13,7 Metern. Über dem Mittelpfeiler erhielt sie ein Brückenhaus, in dem 1903 ein Denkmal für Herzog Eberhard im Bart aufgestellt wurde. Seitdem trägt die Brücke seinen Namen,

Eberhard im Bart *1445–1496, Herzog. 1459 wurde er Graf von Württemberg-Urach, 1482 auch von Württemberg-Stuttgart. Er schätzte humanistische Bildung und besaß eine umfangreiche Bibliothek. 1476 verlegte er das reiche Sindelfinger Chorherrenstift nach Tübingen und gründete im Folgejahr die Universität. Gleichzeitig veranlasste er die Vertreibung aller jüdischen Einwohner. 1482 gelang ihm die Vereinigung Württembergs, seine Residenz verlegte er nach Stuttgart. Auf dem Reichstag zu Worms 1495 erhob König Maximilian I. die Grafschaft Württemberg zum Herzogtum und Graf Eberhard V. zum ersten Herzog von Württemberg und Teck.*

*Die **Mühlstraße** führt als zentrale Straße durch den Geländeeinschnitt zwischen Altstadt und Österberg. Ihren Namen verdankt sie drei alten Mühlen – einer Getreide-, einer Walk- und einer Pulvermühle –, die beim Straßenbau abgerissen wurden. Mit ihrem Bau 1885/87 sollte die »lebhafteste und schönste Straße« Tübingens entstehen. So wurde die Hangabstützung zum Österberg nach dem Vorbild der Burg Hohenzollern gestaltet. Auf der Westseite entstand eine protzige Befestigung mit mittelalterlichen Zinnen. Daneben blieb ein Stück originale Stadtmauer mit vier Schießscharten erhalten. Trotz mittelalterlichen Ambientes wurde die Straße zu einer ersten Adresse für neuzeitlichen Luxus.*

Oben: Blick durch die Neckargasse
Rechts: Stadtmauer an der Mühlstraße

die Tübinger nennen sie aber bis heute weiterhin einfach Neckarbrücke. Das Standbild Eberhards wurde im Zweiten Weltkrieg für die Rüstungsindustrie eingeschmolzen, die Brücke überlebte. 1951 wurde sie durch Betonkonstruktionen verbreitert, dabei verschwanden Brückenhaus und Steinbrüstungen.

[6] Neckargasse

Auf der Altstadtseite der Neckarbrücke geht es links in die Neckargasse. Sie ist eine der ältesten Straßen Tübingens. Schon seit dem frühen Mittelalter führte der Weg von der Brücke durch das Neckartor hinauf zur Stiftskirche und zum Holzmarkt ins Innere der Stadt. Menschen und Fuhrwerke zwängten sich durch die enge, steile Passage. Sie war die Hauptdurchgangsstraße durch das alte Tübingen. Erst der Bau der Mühlstraße hinter der Stadtmauer 1885 brachte Entlastung. Dennoch wurde die Neckargasse ab den 1960er Jahren auch zur Staustrecke für Autos, bis 1975 der Umbau zur Fußgängerzone erfolgte.

Die obere Neckargasse zählte in alter Zeit zu den besseren Wohnlagen der Stadt. Das auffallendste Haus ist die Nummer 2, errichtet 1584. Hier wohnte von 1654 bis 1688 der Tanzmeister Charles Dumanoir (S. 46). Das Erkertürmchen mit goldenem Spitzdach und die fantasievolle Bemalung der Fassade entstanden erst viel später, gegen Ende des 19. Jahrhunderts.

In der Neckargasse 3 lebte der Gelehrte Johannes Nauclerus (S. 23), enger Berater von Graf Eberhard im Bart, der ihn mehrfach in diesem Haus besuchte. Weiter unten, in den kleineren Häusern, lebten meist Handwerker. So gehörte das Haus 25 im frühen 16. Jahrhundert dem herzoglichen Pulvermacher, der das Schießpulver für die Festung Hohentübingen herstellte. Die bis 1706 betriebene Pulvermühle lag gleich nebenan, aber außerhalb der Stadtmauer.

Heute präsentiert sich die Neckargasse mit kleinen Läden, Eisdielen, Cafés, Büros und Geschäften meist quirlig, überfüllt von Touristengruppen und eilenden Passanten. Der Stadtrundgang kann in der Bursagasse fortgesetzt werden, die man dann, vorbei am Zimmertheater, vor dem Restaurant »La Cantinella« zunächst in Richtung Neckar verlässt. Wer mit Muße in die Altstadt gelangen möchte, kehrt zum Anfang der Neckargasse zurück und spaziert den Zwingel entlang.

[7] Zwingel

An der Neckarbrücke führt der Weg über eine Restaurantterrasse und Wendeltreppe hinab zum Zwingel, einem romantischen Fußweg entlang der Neckarfront und bei schönem Wetter ein beliebter Studententreff mit Blick auf Neckar und Platanenallee. Vorbei an idyllischen Gärtchen unter den – auf die Stadtmauer gesetzten – mittelalterlichen Häusern gelangt man zum Hölderlinturm.

Ursprünglich befand sich hier zwischen innerer Stadtmauer und äußerer, niedriger Vormauer, der Zwingermauer, ein Stadtgraben. Er wurde gesichert durch einzelne Rundtürme wie den Turm am Neckartor und den späteren Hölderlinturm. Auf diesem kurzen Stück ist bis heute die mittelalterliche Stadtmauer erhalten. Einst zog sie sich um die gesamte Altstadt und besaß fünf Stadttore. In einer Urkunde von 1262 wird sie erstmals erwähnt. Wahrscheinlich begann ihr Bau bereits um 1140. In den 1820er und 1830er Jahren wurde sie größtenteils abgetragen, um der Stadt mehr Raum und bessere Zufahrtswege zu geben. Reste der Mauer blieben nur an jenen Stellen erhalten, an denen Häuser auf ihr erbaut waren: entlang des Zwingels am Neckar, an den Hängen zum Schloss, Im Zwinger beim Haagtor, am Nonnenhaus sowie ein vollständiger Abschnitt mit vier Schießscharten am Südende der Mühlstraße.

[8] Hölderlinturm

Bis 2020 wegen Sanierung geschlossen

Der Hölderlinturm ist eine der am meisten fotografierten Sehenswürdigkeiten Tübingens. Das Gebäude entstand 1778 auf den Fundamenten eines mittelalterlichen Wehrturms und einer angrenzenden Färberei. 1807 erwarb der Schreinermeister Ernst Zimmer das Haus und richtete im Erdgeschoss seine Werkstatt, darüber eine bescheidene Wohnung für die Familie ein. Im gleichen Jahr nahm er den Dichter Friedrich Hölderlin bei sich auf, der anschließend 36 Jahre lang – bis zum Tod 1843 – im Turmzimmer des Obergeschosses lebte. 1874 ging das Haus in den Besitz von Schuhmachermeister Carl Friedrich Eberhardt über. Ein Brand beschädigte es 1875 bis auf die Grundmauern. Die

Friedrich Hölderlin *1770–1843, Dichter. Hölderlin studierte 1788–1793 im Evangelischen Stift in Tübingen gemeinsam mit Hegel und Schelling und wurde Hauslehrer in wohlhabenden Familien. Als Verfasser des »Hyperion« und großer lyrischer Gesänge berühmt geworden, kam Hölderlin 1806 wegen »geistiger Verrückung« in die Tübinger Universitätsklinik und galt danach als unheilbar geisteskrank. Seit 1807 wohnte er bei dem Schreinermeister Ernst Zimmer, wo er im Turmzimmer die letzten 36 Jahre seines Lebens verbrachte, gepflegt von Ernst Zimmer und seiner Tochter Lotte. Er schrieb trotz Krankheit Gedichte, die er mit »Scardanelli« unterzeichnete. Hölderlin ist auf dem Tübinger Stadtfriedhof beerdigt.*

oberen Stockwerke, also auch Hölderlins »Rundel«, wurden völlig zerstört. Beim Wiederaufbau – der Turm erhielt nun eine durchgängig runde Form und ein vom Haus getrenntes Helmdach – erschien in den Bauplänen erstmals die Bezeichnung »Hölderlin's Thurm«. Das untere Turmzimmer wurde als »Gedenkraum« eingerichtet und blieb über viele Jahrzehnte das »Hölderlin-Zimmer« mit kleiner Ausstellung, die ab 1954 von der neu gegründeten Hölderlin-Gesellschaft betreut wurde. Erst 1978 konnte das wirkliche »Rundel« Hölderlins im ersten Stock einbezogen werden. Ab 1985 gab eine Dauerausstellung Einblick in Hölderlins Leben und Werk.

Derzeit ist der Hölderlinturm wegen grundlegender Sanierung geschlossen. Mit der Wiedereröffnung zu Hölderlins 250. Geburtstag am 20. März 2020 erwarten die Besucher neue Einblicke in das Schaffen des Dichters, die Hausgeschichte, die Rezeption seiner Werke in den Künsten und das Leben mit der Familie Zimmer – erweitert um das bisher nicht zugängliche zweite Obergeschoss.

[9] Stocherkahnhafen

*Der **Tübinger Stocherkahn** ist ein schmales, flaches, sechs bis zwölf Meter langes Holzboot. Ursprünglich fuhren die Neckarfischer auf den Kähnen, dann die Mitglieder von Studentenverbindungen und Fachschaften. Heute ist der Stocherkahn für jedermann zugänglich. Bis zu 20 Gäste finden Platz darin, sitzen an den Längsseiten einander gegenüber und lehnen sich entspannt gegen die hohen Rückenlehnen. Am Heck steht der Stocherer. Mit seiner sieben Meter langen Stange stößt er das Boot vom steinigen Grund des Neckars ab, lenkt, bremst und stochert es gemächlich voran.*

***Kahnfahrt** Mai–Sept. tägl. 13 Uhr, Sa auch 17 Uhr, Tickets im Vorverkauf beim Tourist & Ticket Center sowie bei privaten Kahnfahrtunternehmen auf Anfrage*

Direkt am Hölderlinturm befindet sich die zentrale Anlegestelle der Tübinger Stocherkähne. Hier beginnen und enden die Stocherkahnfahrten entlang der Neckarfront und rund um die Neckarinsel. Auf den Tübinger Stocherkähnen kann man vieles erleben: eine Grillparty mit Freunden, eine Afterwork-Fahrt mit Kollegen, eine romantische Fackelfahrt in den Abendstunden… oder man stochert selbst über den Neckar.

Einmal im Jahr – zu Fronleichnam im Juni – gibt es das historische Stocherkahnrennen, bei dem 40 bis 50 Mannschaften in originellen historischen Kostümen starten. Die Siegermannschaft erhält den Wanderpokal und ein Bierfass, die Verlierer müssen zur Stärkung pro Kopf einen halben Liter Lebertran trinken.

Auf der Terrasse über dem Stocherkahnhafen lädt im Sommer das Restaurant »La Cantinella« mit Blick auf den Neckar ein. Von der Terrasse aus führt eine schmale Gasse mit steiler Treppe hinauf zur Altstadt.

[10] Burse

Die Burse wurde 1478–1482, unmittelbar nach der Universitätsgründung von 1477, als Fachwerkhaus für die sogenannte Artistenfakultät errichtet. Hier erhielten die 14- bis 16-jährigen Scholaren, Artisten genannt, eine universitäre Grundausbildung in den »artes liberales« – Grammatik, Logik, Rhetorik, Arithmetik, Geometrie, Astronomie und Musik. Der Abschluss als Magister qualifizierte sie für das Studium an den höheren Fakultäten Medizin, Jura und Theologie. Außer Lehranstalt war die Burse auch Wohnhaus für Studenten und Lehrer. Die Bezeichnung Burse geht zurück auf das lateinische Wort »bursa« (Beutel, Börse), die vom Landesfürsten für die Schüler und Professoren gut gefüllt war. Die beiden Treppenaufgänge an der Längsseite erinnern an die zwei unversöhnlichen philosophischen Richtungen in der Frühzeit der Universität – die »Nominalisten« und die »Realisten«, die auf getrennten Wegen ins Haus gelangten. In der Burse lehrten bedeutende Geistesgrößen, u.a. der Humanist Johannes Reuchlin, der Reformator Philipp Melanchthon und der Astronom Wilhelm Schickard (S. 19).

1803/05 wurde das Gebäude im Stil des Klassizismus umgebaut. Der Medizinprofessor Johann Ferdinand Autenrieth richtete hier das erste Tübinger Klinikum ein. Einer der ersten Patienten war 1806 Friedrich

Johannes Reuchlin
1455–1522, Humanist, Jurist und Diplomat. Reuchlin studierte u.a. in Freiburg, Paris und Basel und stand ab 1483 im Dienst von Graf Eberhard im Bart, den er bei diplomatischen Missionen begleitete. Reuchlin war zeitweise einer der obersten Richter des Schwäbischen Bundes in Tübingen. Kaiser Friedrich III. verlieh ihm Adelsstand und Ehrenamt eines Hofpfalzgrafen. Er lernte Hebräisch, vertrat religiöse Toleranz und setzte sich für die Schriften jüdischer Gelehrter ein. An der Universität Tübingen wurde er 1521 Professor für Hebräisch und Griechisch. Er war Großonkel des Reformators Philipp Melanchthon, lehnte die Reformen Martin Luthers aber ab.

Philipp Melanchthon *Eigentlich Schwartzerdt, 1497–1560, Humanist, Reformator, Altphilologe, Philosoph, Theologe. Melanchthon studierte an der Universität Tübingen Arithmetik, Geometrie, Musik, Astronomie und beschäftigte sich mit Griechisch, Hebräisch sowie Latein. 1514 erwarb er den Magistertitel, wirkte danach als Lehrer und veröffentlichte erste Publikationen. Sein Förderer und Großonkel Johannes Reuchlin empfahl ihn 1518 für den Lehrstuhl für griechische Sprache an der Universität Wittenberg. Dort gelangte er als Universitätsprofessor und Lehrer aus Leidenschaft sowie als Reformator an der Seite Martin Luthers zu höchstem Ansehen.*

Hölderlin, der nach 231 Tagen Behandlung als unheilbar geisteskrank entlassen wurde.

1971 zogen nach erneutem Umbau das Philosophische und das Kunsthistorische Institut der Universität in die Burse ein. Ihr Vorplatz bietet einen schönen Blick zum Neckar und ist ein beliebter Treffpunkt. Seit 2011 erinnert eine Skulptur an Lotte Zimmer, die den kranken Hölderlin bis zu seinem Tod betreute.

Von der Burse geht es die Gasse Klosterberg hinauf, nach einigen Metern gelangt man zur Gasse Neckarbad. Ihr Name geht zurück auf die Badeanstalt vor der Stadtmauer. Wer die Treppe hinab durch das kleine Stadttor geht, hat rückwärts einen guten Blick auf die Stadtbefestigung. Wieder zurück, führt oben der Weg zum Evangelischen Stift.

[11] Evangelisches Stift

Öffentliche Führung: *Apr.–Okt.: So 14.30 Uhr, Führung in nicht öffentliche Räume bieten Stiftsstudierende auf Anmeldung unter Tel. 07071 56 10*

Das Tübinger Stift ist ein Studien- und Wohngebäude der evangelischen Landeskirche in Württemberg für die Ausbildung evangelischer Theologinnen und Theologen. Früher stand an dieser Stelle ein Kloster. 1264 wur-

de das erste Klostergebäude errichtet, als Augustiner-Eremiten-Kloster außerhalb der Stadtmauer. Zwischen 1464 und 1513 erfolgten Abriss sowie der Neubau, auf dem das heutige Gebäude basiert. Auf dem Vorhof ist oberhalb des Brunnens noch der spätgotische Chor mit dem hohen Fenster der einstigen Klosterkirche, die heutige Stiftskapelle, zu sehen. Im Innenhof blieb der Kreuzgang des einstigen Klosters erhalten.

Mit der Einführung der Reformation in Württemberg 1534/35 wurden die Klöster aufgelöst und vielfach in evangelische Klosterschulen umgewandelt. Herzog Ulrich gründete in Tübingen 1536 das Evangelische Stift – ein Stipendium für begabte Landeskinder zur Finanzierung ihrer Ausbildung als evangelische Theologen, mit freier Kost und Unterkunft. Damit sollte gewährleistet werden, dass zukünftig genügend evangelische Pfarrer und Beamte zur Verfügung stünden.

Ab 1547 gehörte das Tübinger Stift im inzwischen geräumten Augustinerkloster zu den angesehensten Ausbildungseinrichtungen evangelischer Theologen. Überliefert ist, dass eine außerordentlich strenge Zucht herrschte, vor der manch einer floh. Berühmte Theologen gingen aus ihm nicht hervor, stattdessen bedeutende Philosophen, Dichter und Gelehrte, die großen Einfluss auf die schwäbische, deutsche und europäische Geistesgeschichte ausübten. Genannt seien nur einige: der Astronom Johannes Kepler, das berühmte

Johannes Kepler
1571–1630, Naturphilosoph, Mathematiker, Astronom. Kepler studierte 1589–1594 im Tübinger Stift, wurde 1594 Mathematik- und Astronomielehrer an der Evangelischen Stiftsschule in Graz und später Mathematiker am kaiserlichen Hof in Prag und Linz. Er diente General Wallenstein als astrologischer Berater und entdeckte die Gesetzmäßigkeiten, mit denen sich Planeten um die Sonne bewegen – die Keplerschen Gesetze. Antrieb für seine astronomische Arbeit war ihm die Suche nach der Offenbarung Gottes in der Natur, sein heliozentrisches Weltbild stieß jedoch bei der Kirche und der weltlichen Obrigkeit auf erbitterten Widerstand.

Dreigestirn Hegel (S. 56), Hölderlin, Schelling (S. 39), der Philosoph Gustav Schwab, Märchenerzähler Wilhelm Hauff, der Dichter Eduard Mörike (S. 26), der kritische Geist David Friedrich Strauß (S. 44) und Georg Herwegh, Dichter des Vormärz und Revolutionär. Heute lernen und leben im Tübinger Stift rund 170 Studierende, 70 Prozent davon sind Frauen, deren Anteil seit ihrer Zulassung 1969 stetig steigt.

1989/92 wurden sämtliche Gebäude aufwendig renoviert und restauriert. Öffentlich zugänglich sind der Außenhof mit einem Brunnen von 1785, der Innenhof mit dem Klosterkreuzgang sowie das große Treppenhaus im Nordflügel bis zum ersten Stock, wo sich die Altane befindet – eine Bühne für Sommerkonzerte und Feste. An der Nordwand erinnern sieben Plaketten mit Reliefporträts an berühmte Stiftler: Kepler, Hegel, Hölderlin, Schelling, Strauß, Mörike, Goes.

__Primus Truber__
1508–1586, protestantischer Priester, Begründer des slowenischen Schrifttums und der evangelischen Kirche in Slowenien. Geboren als Sohn eines Müllers bei Ljubljana, erhielt er eine Ausbildung in Rijeka und Salzburg, studierte in Wien, lebte zeitweise in Deutschland. 1548–1552 war er Diakon in Rothenburg ob der Tauber und schrieb dort das erste Buch in slowenischer Sprache, das 1550 in Tübingen erschien. Er übersetzte das Neue Testament aus der Lutherbibel ins Slowenische und schrieb insgesamt etwa 30 slowenische Bücher. Ab 1567 war er Pfarrer in Derendingen bei Tübingen, wo er auch starb. In Slowenien erinnern an ihn u.a. sein Bildnis auf der Ein-Euro-Münze sowie eine Statue in der nach ihm benannten Primož-Trubar-Kirche in Ljubljana.

[12] Burgsteige

***Restaurant »Mauganeschtle«** im Hotel am Schloss, 12–14.30/18–24 Uhr*

Oberhalb des Stifts liegt ein bezaubernder kleiner Platz mit einer seltenen Cledizie (Christusbaum), an dem sich mehrere Gassen treffen. Im Volksmund heißt er »Faules Eck« – ob wegen müßiger Studenten oder vermoderten Holzes, ist nicht mehr zu ergründen. Von hier geht es die Burgsteige hinauf. Der mittelalterliche Name der schmalen, kopfsteingepflasterten, steilen Gasse weist auf die ehemalige Burg der Grafen von Tübingen hin. Die Burgsteige war ihr einziger Zufahrtsweg und eine der frühesten Straßen Tübingens. Heute führt sie zum Schloss hinauf und bietet im oberen Bereich einen wunderbaren Blick auf Stadt und Neckar. Die ältesten Häuser entstanden als Burgmannensiedlung. An manchen Wänden weisen Jahreszahlen auf das Baujahr hin. Im Haus Nr. 7 (heute Schlosscafé) wohnte der Mathematiker und Astronom Michael Mästlin (1550–1631), Lehrer und Freund von Johannes Kepler. Außerdem wurden hier 1550 die ersten, von Reformator Primus Truber in slowenischer Sprache verfassten Schriften gedruckt.

Von der Terrasse des Restaurants »Mauganeschtle«, das schwäbische Spezialitäten bietet, hat man einen hinreißenden Blick über die Altstadt.

Liebe Leserinnen und Leser,
vielen Dank, dass Sie sich für einen Lehmstedt Reiseführer entschieden haben. Wir freuen uns, Ihre Meinung zu erfahren. Bitte schreiben Sie uns, wenn Sie Anregungen, Empfehlungen oder Berichtigungen haben. Gut verwertbare Informationen belohnen wir mit einem kostenfreien Lehmstedt Stadtführer Ihrer Wahl!
Vielen Dank!

Ich habe diese Karte folgendem Reiseführer entnommen:

____

❑ Bitte senden Sie mir regelmäßig kostenfrei und unverbindlich die Kataloge Ihrer Neuerscheinungen zu.

Ich möchte gern folgende Bücher aus Ihrem Verlagsprogramm bestellen und bitte um Lieferung gegen Rechnung an die umseitig genannte Adresse.

Anzahl	Autor, Titel

Ab einem Bestellwert von 20 € ist die Lieferung innerhalb Deutschlands versandkostenfrei.

www.lehmstedt.de
Mail: info@lehmstedt.de

Vorname und Name

Straße und Hausnummer

PLZ und Ort

E-Mail-Adresse

Datum und Unterschrift

An den
Lehmstedt Verlag
Hainstraße 1

D–04109 Leipzig

HOTEL AM SCHLOSS
RESTAURANT

[13] Schloss Hohentübingen

Ulrich von Württemberg 1487–1550, Herzog. Am Stuttgarter Hof des Herzogs Eberhard im Bart erzogen, war Ulrich 1498–1519 und 1534–1550 Herzog von Württemberg. Proteste gegen seine Herrschaft führten 1514 zum Aufstand des »Armen Konrad«, der niedergeschlagen wurde. Der 1511 geschlossenen Ehe mit Sabina von Bayern, forciert von Kaiser Maximilian I., folgten 1515 ein Ehezwist und die Flucht Sabinas nach Bayern. Im Auftrag des Schwäbischen Bundes aus Württemberg verbannt, kehrte Ulrich 1534 zurück und führte die Reformation ein. Die Auflösung der Klöster und geistlichen Korporationen führten zur Vergrößerung des Herzogtums.

Tägl. 7–20 Uhr

An der Stelle des heutigen Renaissanceschlosses stand ursprünglich eine mittelalterliche Burg, entstanden vermutlich um 1035, erstmals erwähnt 1078 als »castrum twingia«. Hier residierten die Grafen von Tübingen, bis der hoch verschuldete Pfalzgraf Götz von Tübingen im Jahr 1342 Burg und Stadt an die Grafen von Württemberg verkaufte. Graf Eberhard im Bart, erster Herzog von Württemberg, wohnte einige Zeit auf der Burg und starb hier im Jahr 1496. Herzog Ulrich und seine Nachfolger ließen ab 1507 Hohentübingen zur Landesfestung umbauen. Schließlich wurde die Burg vollständig abgerissen und bis 1550 die heute noch existierende vierflügelige Schlossanlage im Renaissancestil als repräsentativer Wohnsitz württembergischer Herzöge errichtet. Den Abschluss der Bautätigkeiten bildete 1606/07 das untere Schlosstor, ein Werk des Hofbaumeisters Heinrich Schickhardt: ein prachtvolles Renaissanceportal im Stil eines römischen Triumphbogens, in dessen Mitte sich das von Ordensketten des englischen Hosenbandordens und des französischen Michaelsordens umrahmte Wappen des Herzogtums Württemberg befindet. Das Tor ist eines der schönsten Renaissancekunstwerke im Land.

Als fürstlicher Wohnsitz verlor das Schloss schon bald an Bedeutung. Die Herzöge blieben in ihrer Stuttgarter Residenz. Bereits Mitte des 18. Jahrhunderts übernahm die Universität erste Räume. 1752 richteten Professoren im Nord-Ost-Turm ein Observatorium ein. Im Jahr 1816 übertrug der württembergische König Wilhelm I. das gesamte Schloss der Universität. Daraufhin erfolgten zahlreiche Umbauten. Die Schlossküche wurde zum chemischen Labor. Im Rittersaal war zeitweise die Universitätsbibliothek untergebracht. In die anderen Gebäude zogen mehrere Institute ein. Nach der Sanierung in den Jahren 1979–1994 wurden die Räume den Kulturwissenschaftlichen und Archäologischen Instituten der Universität zur Verfügung gestellt.

Ein Spaziergang über die Außenanlagen mit den Schlossgärten und über den Innenhof ist ein besonderes Erlebnis. Der 372 Meter hohe Schlossberg gewährt herrliche Ausblicke in das Neckar- und das Ammertal, auf die Stadt Tübingen und ihre weitere Umgebung. Vom Schlosshof führt durch den Westflügel ein Treppendurchgang hinauf zum oberen Garten bei der Kalten Herberge, dem ehemaligen Marstall für die Pferde, und zum Haspelturm, in dem einst die mit der Haspel hochgezogenen Vorräte lagerten. Hinter dem Brunnen des Innenhofes führen zwei enge lange Tunnelgänge zum westlichen Schlossgraben, dem Hasengraben, zum Fuß des Haspelturms und um ihn herum zum »Schänzle«.

Riesenweinfass
Im Schlosskeller steht das 1549 im Auftrag von Herzog Ulrich gebaute gewaltige Weinfass. Mit 84 000 Litern Fassungsvermögen ist es zwar nicht das größte der Welt, heute aber das weltweit älteste erhaltene Riesenweinfass. Seit 1994 war das morsche Fass aus Gründen der Sicherheit und des Schutzes der Fledermäuse, die die Hauptbewohner des Schlosskellers sind, für die Öffentlichkeit nicht mehr zugänglich. Nachdem das Fass restauriert und statisch stabilisiert wurde, ist es ab 2018 zu bestimmten Zeiten im Winter, wenn die Fledermäuse nicht gestört werden, wieder zu besichtigen.

Unteres Schlosstor

[14] Museen im Schloss

Mi–So 10–17 Uhr, Do 10–19 Uhr,
***Highlight-Führungen** So 15 Uhr*

Im Ost- und Nordflügel sowie im Fünfeckturm des Schlosses befindet sich das **Museum der Universität Tübingen MUT »Alte Kulturen«**. Hier präsentieren Dauerausstellungen und wechselnde Expositionen einzigartige Höhepunkte der Kulturgeschichte der Menschheit. Das Museum zeigt rund 4600 Exponate aus den Sammlungen der Universitätsinstitute für Ur- und Frühgeschichte, Ägyptologie, Klassische Archäologie, Antike Numismatik, Ethnologie, Altorientalistik sowie die Abgusssammlung antiker Skulpturen.

Nachbildung des »Urpferdchens«

Zu den bedeutendsten Exponaten gehören die ältesten Kunstwerke der Menschheit – Eiszeitfiguren, die seit 2017 zum UNESCO-Weltkulturerbe »Höhlen und Eiszeitkunst der Schwäbischen Alb« zählen. Es sind rund 40 000 Jahre alte Figuren aus Mammutelfenbein aus den Höhlen der Schwäbischen Alb wie das Wildpferd, Löwen, ein Mammut und ein Fisch sowie Fragmente einer Flöte aus Vogelknochen, eines der ältesten Musikinstrumente der Welt. Auch prähistorische Pfahlbauten von vor 7000 Jahren, eine altägyptische Grabkammer sowie der berühmte Tübinger Waffenläufer, entstanden um 490/80 v. Chr., sind zu sehen. Vor dem Eingang des Museums weist eine vergrößerte Nachbildung des Urpferdchens auf die Ausstellung hin.

Im historischen **Schlosslabor** gibt es eine Dauerausstellung zur Geschichte der Biochemie in Tübingen. Die einstige Schlossküche wurde im 19. Jahrhundert zum ersten biochemischen Laboratorium umfunktioniert. Hier arbeitete ab 1818 der erste deutsche Biochemiker, Carl Sigwart. Der Arzt und Chemiker Felix Hoppe-Seyler untersuchte den roten Blutfarbstoff und benannte das Hämoglobin. Sein Mitarbeiter Friedrich Miescher entdeckte 1869 das Nuklein, den Träger der Erbinformation, heute als DNA und RNA bekannt. Zu sehen sind das noch existierende Reagenzglas Mieschers, historische Laborgeräte und Präparate.

Die Anfang des 19. Jahrhunderts von dem Mathematiker und Astronomen Gottlieb Bohnenberger errichtete **Schlosssternwarte** wurde grundlegend saniert und ist ab Juli 2018 wieder zu besichtigen. Sie steht am kartographischen Mittelpunkt des ehemaligen Königreiches Württemberg. Von 1818 bis 1848 war sie Zentralpunkt der Württembergischen Landesvermessung. Mit ihrem seltenen historischen Messgerät, dem »großen Repetitionskreis von Reichenbach«, bildet die Sternwarte ein Ensemble von Weltrang.

Wilhelm Schickard
1592–1635, Astronom, Geodät und Mathematiker. Schickard studierte in Tübingen und wurde 1619 Professor für Hebräisch an der Tübinger Universität. Gleichzeitig beschäftigte er sich mit Astronomie, Mathematik und Landvermessung. Die Instrumente zur Beobachtung und Berechnung des Sternenhimmels baute er vielfach selbst, so 1623 die erste Rechenmaschine der Welt (Nachbau im Stadtmuseum). Ab 1624 begann Schickard auf seinen Reisen durch Württemberg, das Land neu zu vermessen. Ab 1631 hielt er astronomische Vorlesungen und schuf als überzeugter Anhänger des heliozentrischen Weltbildes das erste Handplanetarium.

Schlosslabor

[15] Marktplatz

»Auseinandersetzung« im Lammhof

***Wochenmarkt** Mo, Mi, Fr 7–13 Uhr*

Nach dem Rückweg durch die Burgsteige führt linker Hand das Wienergäßle zum Marktplatz hinab. Für die Tübinger ist der Marktplatz im Herzen der Altstadt ihre »gute Stube«. Schräg, behaglich, geputzt und aufgeräumt. Dennoch höchst lebendig. Die Giebel der Fachwerkhäuser aus dem 15. und 16. Jahrhundert ringsum, die Fassade des alten Rathauses, Tische und Stühle der Cafés und Lokale auf dem Pflaster, die Treffpunkte am Brunnen und an Marktständen geben ihm eine heimelige Atmosphäre. Manchmal geht es gemütlich zu, dann wieder lebhaft, mitunter herrscht fröhliches Gewusel, dann wieder friedvolle Stille. Hier treffen sich Touristen aus aller Welt, hier fotografiert man gern. In lauen Sommernächten gehört der Platz den Studenten.

1302 wurde der Marktplatz erstmals schriftlich erwähnt. Händler hat es hier schon weit früher gegeben, erstmals erwähnt im Jahr 1191. Nach Bränden wie in den Jahren 1476 und 1540 wurde der Platz stets etwas größer wieder aufgebaut. Auch in jüngerer Zeit gab es Veränderungen: Der Lammhof entstand als zeitgemäßes evangelisches Gemeindehaus mit schönem Innenhof und bewirtschafteter Gartenterrasse. Zwei lebensgroße Bronzefiguren widerspiegeln

Nordseite des Marktes mit Durchgang zum Lammhof

Südostseite des Marktplatzes

hier auf amüsante Weise die Tübinger Altstadt-Geschichte: Die »Auseinandersetzung« zwischen einem beleibten Wohlhabenden (aus der Oberstadt) und einem schmächtigen Besitzlosen (aus der Unterstadt) – ein Kunstwerk von Karl-Henning Seemann, 1979. Das respektable Fachwerkgebäude mit dem Kaffeehaus »Ranitzky« wurde nach einem Brand beinahe zu akkurat wieder neu errichtet. Im 19. Jahrhundert wohnte der Dichter Hermann Kurz in dem Haus. Seine Tochter, die Dichterin Isolde Kurz, verbrachte hier einen Teil ihrer Jugend.

[16] Rathaus

Mo–Do 8–18 Uhr, Fr 8–16 Uhr,
***Führungen** Apr.–Okt.: Sa 16 Uhr; **Astronomische Uhr** Führung Mai–Okt.: 1. Di im Monat 10 Uhr, Anmeldung unter Tel. 07071 204 15 49*

Das älteste Haus am Marktplatz ist das Rathaus. Ab 1433 erwarb die Stadt mehrere Häuser, um sie abzureißen und an ihrer Stelle das Tübinger Rathaus zu erbauen. Es entstand 1435 als zweistöckiger alemannischer Fachwerkbau und wurde später mehrfach erweitert. Im Erdgeschoss befanden sich im Mittelalter das städtische Salzlager, ein Gefängnis und eine offe-

ne Arkadenhalle als Verkaufsort für Bäcker, Metzger, Salzhändler, dazu eine Durchfahrt für Fuhrwerke vom Markt zur Haaggasse. Der große Saal im ersten Stock diente den Gerbern als Verkaufsraum, Holzgestaltungen aus dem 15. Jahrhundert sind noch erhalten. Gericht und Rat tagten im zweiten Stock. Die erste bekannte Urkunde einer Gerichtsverhandlung im Rathaus stammt von 1458. Der sogenannte Öhrn, ein einstiger Empfangsraum, zeigt »Gerechtigkeitsbilder« in Grisaillemalerei (1596). Herzog Eberhard im Bart erweiterte 1495/96 das Rathaus um ein drittes Stockwerk, in dem der Hofgerichtssaal eingerichtet wurde. Hier tagte fast 300 Jahre lang (bis 1805) das Hofgericht des Landes Württemberg.

2012/15 erfolgte eine umfassende Sanierung des Rathauses einschließlich der originalgetreuen Restaurierung noch vorhandener historischer Bauteile bei gleichzeitiger Umsetzung der neuesten technischen und energetischen Standards.

Die Gestaltung der Rathausfassade geht auf die Jahre 1876/77 zurück. Anlässlich des 400-jährigen Jubiläums der Universität wurde sie im Stil der Neorenaissance bemalt. Seitdem prägen allegorische Figuren und Tübinger Persönlichkeiten das Rathausbild, umgeben von gemalten Säulen, Wappen und allerlei Zierrat. Im **ersten Stock** stehen (v.l.n.r.) die antiken Göttinnen Justitia, Demeter und Athene für Gerechtigkeit, Fruchtbarkeit der Erde und Weisheit. Dazwischen befindet sich ein Balkon mit Baldachin. Von ihm aus nahmen die Herzöge die Huldigungen ihrer Untertanen entgegen, verkündeten die Stadtherren wichtige Beschlüsse. Heute ist er ein beliebter Ort für Hochzeitsfotos nach der standesamtlichen Trauung im Rathaus. An der Südostecke des Rathauses verweist eine kleine Holzschnitzerei – eine Bacchantin – auf die einstige Bedeutung des Weines in Tübingen. Die Figur ist der älteste Schmuck der Fassade und stammt aus der Zeit um 1600. Im **zweiten Stock** sind sechs Porträts bedeutender Tübinger zu sehen: Konrad Breuning (um 1461–1517), Vogt von Tübingen und maßgeblich am Tübinger Vertrag von 1514 beteiligt; Johann Osiander (1657–1724), evangelischer Theologe, Professor und Diplomat, der als Unterhändler im Krieg von 1688 Tübingen vor der Zerstörung bewahrte; Jakob Heinrich Dann (1720–1790), Jurist, Bürgermeister und Verfechter landständischer Rechte; Johann Ludwig Huber (1723–1800), Kämpfer für bürgerliche Freiheitsrechte;

Johannes Nauclerus
1425–1510, Theologe, Jurist, Historiker. Bis 1459 Erzieher des jungen Grafen Eberhard im Bart, später dessen enger Vertrauter, war Nauclerus maßgeblich an der Gründung der Universität Tübingen beteiligt und 1477/78 ihr erster Rektor, später langjähriger Kanzler (1482–1509). Er schrieb die erste Universitätsverfassung und gewann ausgezeichnete Lehrkräfte für Tübingen. Außerdem verfasste er eine Weltchronik, die erstmals neben scholastischen auch humanistische Ideen in die Geschichtsschreibung einbrachte (veröffentlicht 1516). Nauclerus hatte großen Einfluss auf die württembergische Landespolitik, z.B. den Münsinger Vertrag (1482) zur Wiedervereinigung Württembergs und seine Erhebung zum Herzogtum (1495).

Oben: »Bacchantin«
Links: Wochenmarkt vor dem Rathaus

AM MARKT

Johann Friedrich Cotta (S. 40) sowie Ludwig Uhland (S. 2). Im **dritten Stock** steht über allen Herzog Eberhard im Bart, der 1477 die Tübinger Universität gründete und 1495 die Erhebung von Württemberg zum Herzogtum erwirkte. In einer Hand hält er deshalb die Gründungsurkunde der Universität, in der anderen Hand das herzogliche Schwert. Der **Ziergiebel**, bekrönt von einem hölzernen Türmchen, wird geschmückt von drei Zifferblättern. Neben dem untersten, der Stundenuhr, befindet sich links das Wappen des Königreiches Württemberg (1806–1918) mit drei Hirschstangen und den staufischen Löwen, letztere bilden heute das Kernstück des Wappens von Baden-Württemberg. Rechts neben der Uhr ist das einstige Stadtwappen von Tübingen zu sehen, es enthält die rote Fahne der Pfalzgrafen von Tübingen, die sich bis ins 11. Jahrhundert zurückverfolgen lässt.

1511 erhielt das Rathaus seine kunstvolle **Astronomische Uhr**, konstruiert von Johannes Stöffler. Sie befand sich ursprünglich in einem Erker im ersten Stock an der Stelle der heutigen Balkonkanzel. 1849 wurde sie nach oben in den Ziergiebel versetzt. Bis heute zeigt dieses technische Meisterwerk mit seinen drei Zeigern – Mond-, Sonnen- und Drachenzeiger – zuverlässig die Mondphasen, den Stand der Sonne im Tierkreis und Himmelsereignisse wie Sonnen- und Mondfinsternisse an. Über Jahrhunderte hinweg bestimmte die Uhr den Lebensrhythmus der Tübinger. Flankiert wird sie am Rathaus von einer männlichen und einer weiblichen Figur als Allegorien von Tag und Nacht. Das originale Ziffernblatt mit den Tierkreiszeichen wird heute im Stadtmuseum aufbewahrt.

[17] Neptunbrunnen

Ein Blickfang mitten auf dem Marktplatz ist der Neptunbrunnen, wegen seines Standortes auch Marktbrunnen genannt. Er wurde 1617 vom herzoglichen Hofbaumeister Heinrich Schickhardt, von dem u.a. auch das untere Schlossportal von 1607 stammt, im Stil der Renaissance entworfen und von Steinmetz Georg Müller in Sandstein gehauen. Auf einer Italienreise hatte Schickhardt Zeichnungen von einem Vorbild in Bologna angefertigt. 1947 errichtete die Stadt den inzwischen brüchigen Steinbrunnen als erstes öffentliches Bauwerk Tübingens nach dem Zweiten Weltkrieg

Rathausgiebel mit Astronomischer Uhr

Johannes Stöffler
1452–1531, Pfarrer, Astronom, Mathematiker. Stöffler stellte Himmelsgloben, astronomische Instrumente und Uhren her, darunter den bis heute erhaltenen Himmelsglobus für den Bischof von Konstanz. Ab 1511 war er erster Professor für Astronomie an der Universität Tübingen und wurde einer ihrer berühmtesten Gelehrten. Er unterbreitete u.a. einen Vorschlag zur Reform des Julianischen Kalenders. 1511 konstruierte er in seiner Werkstatt in Jungingen die Astronomische Uhr für das Rathaus Tübingen. 1522–1530 lebte er mit seinen Studenten gegenüber vom Tübinger Rathaus in der Herberge »Zur Krone«. Von dort hatte er seine Uhr stets im Blick.

Eduard Mörike
1804–1875, Dichter und evangelischer Pfarrer. Mörike studierte 1822–1826 am Tübinger Stift und trat anschließend in den Pfarrdienst ein. Sein Interesse galt jedoch der Poesie. Er gab die kirchliche Laufbahn schließlich auf. Ab 1852 unterrichtete er Literatur in Stuttgart, wurde Professor am dortigen Königin-Katharina-Stift, erhielt den Ehrendoktortitel der Universität Tübingen und den Bayerischen Maximiliansorden. Der »schwäbische Dichterpfarrer« galt zu Lebzeiten als einer der bedeutendsten deutschen Lyriker. Seine Werke wurden später etwas herablassend als biedermeierlich-behaglich bezeichnet. Genauer betrachtet ist Mörike mit seiner Poesie, aber auch mit oft abgründigem Realismus und der Beschreibung sozialer Bedingungen eine Wiederentdeckung wert.

Oben: Figur am Haus Kirchgasse 4
Rechts: Blick durch die Kronenstraße zur Kirchgasse

neu. Die reich geschmückte Säule mit dem Meeresgott Neptun wurde rekonstruiert und aus dem Metall eingeschmolzener Waffen neu gegossen. Hinzu kamen vier Frauenfiguren zu seinen Füßen – als wohlgeformte Quellnymphen verkörpern sie die vier Jahreszeiten. Im Rankenwerk der Wasserrohre findet man bei genauem Hinsehen Silhouetten von Köpfen, zwei sogar mit Zigarre im Mund. Damit sind die am Wiederaufbau des Brunnens beteiligten Tübinger Bürger verewigt. Trotz mancher Kritik angesichts hoher Kosten in Zeiten wirtschaftlicher Not wurde der erneuerte Brunnen bei der Einweihung 1947 von den Tübingern begeistert gefeiert.

[18] Kirchgasse

Die etwa 150 Meter lange Fußgängerzone verbindet die beiden großen Plätze der Altstadt. Sie führt vom Marktplatz zu dessen »kleinem Bruder«, dem Holzmarkt. Schöne, zum Teil etwas schief geratene alte Fachwerkhäuser mit interessanten Details säumen die Gasse. Am Erker von Haus Nr. 4 (Ecke Kronenstraße) trägt eine kleine Kaufmannsfigur aus den Jahren um 1500 offenbar die Last der gesamten Tübinger Gesellschaft. Ein Wappen von 1789 schmückt die Hauswand gegenüber. Manche Gebäude erzählen spannende Geschichten: Die Kirchgasse 10 stammt aus dem Jahr 1450, wurde damals zusammen mit dem heutigen Nachbarhaus am Holzmarkt errichtet, 1515 von ihm getrennt, 1620 aufgestockt und zu einem dreischiffigen Gebäude umgebaut, Ende des 18. Jahrhunderts nach schweren Schäden verändert. Im Erdgeschoss befand sich ab 1966 die legendäre Tübinger Drogerie Müller & Co., eine der ältesten traditionellen Drogerien Deutschlands, samt Apothekermöbeln, Glasvitrinen, Dosen aus Glas, Keramik und Holz aus dem Gründungsjahr 1878. Sie bot bis zum Tod ihres letzten Inhabers, des Drogisten, Weltenbummlers, Friedensaktivisten und Tübinger Originals Hans Herb, im Jahr 2009 so nützliche Dinge wie heilsame Kräuter, lose Pülverchen, Gewürze, Rattengift und selbstgemixte Tinkturen zur Entfernung speziellster Flecken. Bei der Sanierung des baufälligen Baudenkmals entdeckten Bauhistoriker Balken aus dem Jahr 1347. Im Dachgebälk wurden Fliesen aus dem Jahr 1250 gefunden.

Nordseite des Holzmarktes mit Antiquariat Heckenhauer und Hesse Kabinett

[19] Holzmarkt

Bis ins 20. Jahrhundert wurde auf diesem länglichen Platz an der Stiftskirche mit Holz gehandelt. Vor rund 200 Jahren hieß er noch Hafenmarkt. Anzunehmen ist, dass damals die in der nahen Hafengasse hergestellten Töpferwaren, mundartlich »Hafen« genannt, verkauft wurden. Jetzt gibt es von Montag bis Freitag einen kleinen Gemüsemarkt an der Ecke zur Neckargasse. Den lebhaften Holzmarkt – seit 1976 Fußgängerzone – zu umrunden, bringt neugierigen Zeitgenossen anregende Erlebnisse. So trifft man sich im Sommer auf den Stufen der breiten Treppe, die 1841 anstelle einer Mauer entstand. Der dafür abgerissene Georgsbrunnen (eigentlich Jörgenbrunnen) mit dem Drachen tötenden Heiligen Georg, dem ältesten Kirchenpatron der Stiftskirche, steht seit 1976 auch wieder am Ort. Ein nettes Café bringt bei schönem Wetter Tische und Stühle auf den Platz. Die gut sortierte Buchhandlung Osiander entpuppt sich für Kenner als Fundgrube, und verschiedene Geschäfte laden zum entspannten Einkaufsbummel ein. Der Holzmarkt kann sich auch kämpferisch geben: Hier enden regelmäßig Demonstrationen oder finden Kundgebungen statt. Früher bot er die Kulisse für das traditionelle Maisingen der Tübinger Studentenverbindungen und die lautstarke Konfrontation mit ihren Gegnern.

Georgsbrunnen

[20] Hesse Kabinett

Fr/Sa 12–17 Uhr, So 14–17 Uhr, ***Führungen*** *So 16 Uhr*

Im roten Haus Holzmarkt 5 befindet sich die Buchhandlung & Antiquariat J. J. Heckenhauer, eines der ältesten Antiquariate Deutschlands. 1823 gründete Johann Immanuel Heckenhauer seine Firma mit Buchhandlung, Antiquariat und einem kleinen Verlag. Seit 1880 ist das Unternehmen im Besitz der Familie Sonnewald. Von 1895 bis 1899 lernte hier Hermann Hesse den Beruf des Buchhändlers. Im Anschluss daran war er einige Monate als Sortimentsgehilfe beschäftigt. In Tübingen fand er nach schweren Jahren die innere Ruhe und begann, sich intensiv mit Literatur zu beschäftigen. Am Ende der Lehrzeit veröffentlichte er seine ersten Gedichte, die »Romantischen Lieder«.

2013 eröffnete die Universitätsstadt in diesem Haus das Hesse Kabinett. Es widmet sich den literarischen Wurzeln des Nobelpreisträgers. Besondere Attraktionen sind das mehr als 150 Jahre alte Bücherlager und die ebenso alte Wendeltreppe. Das Hesse Kabinett ist seit 2015 außerdem eine Plattform für die zeitgenössische Literaturszene Tübingens: Viermal jährlich finden Lesungen mit bekannten Literaten und jungen Nachwuchsautoren statt, die sich in der Tradition von Hesse sehen oder durch ihn beeinflusst sind.

Hermann Hesse
1877–1962, deutsch-schweizerischer Schriftsteller, Dichter und Maler. Nach der Kindheit in Calw und Basel, schwierigen Jugendjahren und der Buchhändlerlehre in Tübingen folgten Aufenthalte in Basel und Italien, die Heirat mit der Fotografin Maria Bernoulli, zurückgezogenes Leben, Reisen nach Indien und Ceylon. Nach dem Ersten Weltkrieg siedelte Hesse ins Tessin um, wo er mit seiner dritten Frau Ninon Dolbin bis zum Tod lebte. Zu den bekanntesten Prosawerken gehören sein Roman »Siddhartha« (1922), »Der Steppenwolf« (1927) und sein letztes großes Werk »Das Glasperlenspiel« (1943). 1946 erhielt Hesse den Nobelpreis für Literatur.

[21] Bebenhäuser Pfleghof

Am Nordostende des Holzmarktes lohnt ein Blick zum Pfleghof am Schulberg. Das Zisterzienserkloster Bebenhausen (siehe S. 60) unterhielt an dieser Stelle einen Wirtschaftshof und Verwaltungssitz, an dem das Kloster seine Geschäfte mit der Stadt und ihrer Bevölkerung abwickelte und der Abt über eine Stadtwohnung verfügte. Das Kloster Bebenhausen war der größte Grundherr, Steuer- und Zinseinnehmer der Stadt und befreit von städtischen Abgaben. Dementsprechend wurde der ursprüngliche Bau von 1342 als gewaltige Dreiflügelanlage in den Jahren 1477 bis 1502 neu erbaut. Das Erdgeschoss war eine offene Halle mit breiten Einfahrten und drei Kelterbäumen zum Pressen von Weintrauben. Im großen Dachstuhl des mehrstöckigen Gebäudes wurden die Naturalien eingelagert. An der Südwestecke zum Holzmarkt befindet sich eine Kapelle, über der mittelalterlichen Eingangstür sieht man das Zisterzienserwappen Bebenhausens und die Weiheinschrift »Soli deo 1492«, daneben die Ordenspatronin Maria. Heute ist im einstigen Pfleghof das Musikwissenschaftliche Institut der Universität untergebracht, die Kapelle wurde zum Musikprobenraum. Auch ein Studentenwohnheim und die Polizeistation fanden Platz.

[22] Stiftskirche St. Georg

Besichtigung *Ostern–Anfang Okt.: tägl. 9–17 Uhr, Okt.–Ostern: tägl. 9–16 Uhr;* ***Führung*** *Mi 16 Uhr;* ***Turmaufstieg*** *Ostern–Anfang Okt.: Fr–So 13–17 Uhr; Sommerferien: Sa/So 9–17 Uhr, Di–Fr 13–17 Uhr;* ***Motette*** *Sa 20 Uhr*

Die Stiftskirche St. Georg prägt wie kaum ein anderes Gebäude die Tübinger Altstadt. Der mächtige Bau überragt alles andere. Im 11. und 12. Jahrhundert gab es an ihrer Stelle zwei romanische Vorgängerbauten aus Stein, die wesentlich kleiner waren. Der württembergische Graf Eberhard im Bart, Herr über Tübingen, veranlasste schließlich einen Neubau, der seinen Vorstellungen und seinem Geltungsbedürfnis entsprach. 1470 wurde der Grundstein für die große neue Kirche im spätgotischen Stil gelegt. Bis 1476 entstand zunächst der Chorraum in seiner heutigen Höhe. Von 1478 bis 1489 folgten das Kirchenschiff und der Turm. Die Turmstube wurde erst 1529 aufgesetzt, der Helm im Jahr 1590.

Ein Rundgang um die Kirche vermittelt einen Eindruck von ihren Ausmaßen, ihrer exponierten Lage und Bedeutung. Man beginnt am besten vor dem Hauptportal an der Münzgasse, wo sich der Turm erhebt, sich die Kirche majestätisch und Achtung ge-

bietend präsentiert. Rechter Hand, entgegen dem Uhrzeigersinn, schließt sich die südliche Längsfront mit gotischer Architektur an. Von hier aus streift der Blick über die Dächer der Stadt bis ins Neckartal. Eine lange steile Treppe führt zur Neckargasse hinab. Dann geht es die Gasse steil wieder bergauf entlang der hohen Mauer, über der schlank und ausladend der Chor wie auf einer Terrasse schwebt. An den Strebepfeilern schmücken ihn drei große Figurenpaare: Johannes mit dem Giftbecher und Christus als Schmerzensmann, Maria und der Heilige Georg mit dem Drachen, die Apostel Paulus und Petrus. Wieder angekommen am Holzmarkt, zeigt sich die »Schauseite« der Kirche.

Wer auf den Rundgang verzichtet, genießt ausschließlich vom Holzmarkt den Blick auf die Stiftskirche. An der Ostwand des nördlichen Seitenschiffes ist das Georgsfenster zu sehen. Das Maßwerkfenster mit seiner filigranen Steinmetzarbeit stellt die Marter des Hl. Georg, auf das Rad geflochten, dar. Eine breite Treppe führt vom Holzmarkt zum Langhaus hinauf. Oben links befindet sich das Brautportal mit Vorbau, spätgotischem Ziergewölbe, Marienrelief und der zeitgenössisch von Bildhauer Ulrich Henn (1925–2014) gestalteten Bronzetür. Bei einer Trauung segnete der Priester einst das Brautpaar im Freien und führte es dann durch dieses Portal in die Kirche. Hauptschmuck der Fassade sind drei Skulpturen über den hohen Fenstern. Sie gelten als seltene bau- und kunstgeschichtliche Besonderheit. Die Reliefs zeigen die drei Schutzpatrone der Kirche aus vorreformatorischer Zeit: in der Mitte der Heilige Georg beim Töten des Drachen, links daneben Maria mit dem Christuskind, rechts in einem Rundfenster der Heilige Martin beim Teilen seines Mantels für einen Bettler. Alle drei Fensterskulpturen sind wahrscheinlich direkt nach der Grundsteinlegung des Langhauses 1483 in derselben Meisterwerkstatt entstanden. Am Turm vor dem Hauptportal angelangt, erwartet den Eintretenden nun das hell leuchtende, weite Kirchenschiff mit seiner herausragenden kunstvollen Ausstattung.

Die Stiftskirche St. Georg, seit ihrem Bestehen eine der wichtigsten Kirchen Württembergs, besitzt einen schönen spätgotischen Innenraum mit Chorraum, Mittelschiff und zwei Seitenschiffen. Nach Durchqueren der Vorhalle unter dem Turm und Eintritt in das 36 Meter lange und 30 Meter breite Längshaus beeindruckt der lichterfüllte Raum mit seinen hohen

*Das Tübinger **Georgsfenster** wurde international bekannt durch die 1934 veröffentlichte Fotomontage des deutschen Malers und Grafikers John Heartfield, eigentlich Helmut Herzfeld (1891–1968), mit dem Titel »Wie im Mittelalter … so im Dritten Reich«. Heartfield, der Meister der politischen Fotomontage, kombinierte das Bild des Georgsfensters der Stiftskirche, das den aufs Rad geflochtenen Hl. Georg darstellt, mit der Montage eines nackten, auf das Hakenkreuz geflochtenen Mannes. Heartfield lebte zu dieser Zeit im Exil in der Tschechoslowakei, nachdem er vor den Nationalsozialisten aus Deutschland geflohen war.*

Fenstern. Vier Fenster im Kirchenschiff fallen durch ihre zeitgenössische Gestaltung besonders auf. Sie wurden 1964 von dem Glasmaler Hans Gottfried von Stockhausen (1920–2010) neu bemalt. Das Fenster über dem Marienportal im Norden zeigt das Leben Marias, das Fenster über dem Südportal behandelt das Doppelthema »Werke der Barmherzigkeit« (neun Scheiben) und »Passion Christi« (sechs Scheiben), zwei Fenster in der Universitätskapelle (vorn links) stellen einen Lebensbaum und einen Weinstock dar.

Der steinerne gotische Lettner zwischen Chor und Langhaus, einst die Schranke zwischen den Angehörigen des Klerus bzw. der Universität und der Kirchengemeinde, wurde um 1490 vom Tübinger Steinmetz-Meister Daniel Schürer gestaltet. Er ist über sieben Meter breit und vier Meter tief, besitzt kunstvoll geschmückte Arkaden, darüber eine filigrane Brüstung und innen sechsstrahlige Sterngewölbe. Nach der Reformation, als in anderen Kirchen die Lettner entfernt wurden, blieb dieser erhalten und trennte nun die Grablege der württembergischen Fürsten vom Gottesdienstraum.

Die Kanzel aus dem späten 15. Jahrhundert bildet mit Altar, Chorgestühl und Taufstein ein geschlossenes Ensemble. Das spätmittelalterliche Chorgestühl der Stiftsherren, rechts und links vom Altarbereich, stand ursprünglich im Chorraum. Nach der Reformation

Chorgestühl mit Mose

wurde es ins Kirchenschiff verlegt. Vier geschnitzte Figurenpaare zeigen Aaron und Mose mit »Hörnern«, König David und Christus, die Apostel Paulus und Jakobus, einen Adligen und einen Handwerker. Der spätgotische Taufstein trägt die Inschrift seines Entstehungsjahres 1495. Er basiert auf dem Oktogon, der als heilig angesehenen Zahl acht. Sowohl Fuß als auch Taufschale sind achteckig. Seine Gesamtform erinnert an einen gedrungenen Kelch.

Der moderne schlichte Altar von 1964 fällt durch sein bronzenes Altarkreuz auf, geschaffen von dem Bildhauer Ulrich Henn. Das Kreuz mit elf Medaillons stellt einen Bezug zum dahinter liegenden Schäufelein-Altar her. Dieser »Tübinger Passionsaltar« von 1520 wird einem »Meister IS mit der Schaufel« zugeschrieben, einem Gehilfen des Malers und Dürer-Schülers Hans Schäufelein. Er besteht aus einem Retabel und einem Altaraufsatz mit Flügelpaar auf einem Sandsteinsockel.

Der Chorraum birgt die bedeutendsten Schätze der Stiftskirche. Hier hielten die Chorherren des 1476 nach Tübingen verlegten Sindelfinger Stifts (seitdem Stiftskirche) ihre Messen ab; hier wurde 1477 die Universität gegründet; hier tagten die Professoren bei Promotionen, Disputationen und festlichen Anlässen. Entsprechend seiner Funktion als Priester- und Chorherren-Andachtsraum sowie als Festraum der Universität wurde er besonders prächtig mit Gewöl-

Epitaph für Heinrich von Ostheim (gest. 1560), Burgvogt von Tübingen

Grablege des württembergischen Fürstenhauses im Chor

Glocken der Stiftskirche
Im Glockenstuhl des Turmes befinden sich sieben Glocken. Jede Glocke hat ihre Bestimmung. Die Dominica (Sonntagsglocke, 1411) läutete schon in der Vorgängerkirche. Die Betglocke (1448) wird zum Vaterunser beim Gottesdienst geläutet. Die Breuning-Glocke (1469) diente auch als Wetterglocke. Die Kienlin-Glocke (1682) ertönt als Zeichenglocke vor Beginn des Gottesdienstes. Die Gedächtnisglocke wurde 1954 den Toten beider Weltkriege gewidmet. 1963 folgten die Tauf- und die Festtagsglocke Gloriosa, die größte und schwerste. 2014 erhielt die Kirche zwei weitere neue Glocken.

be, Fenstern, Altären, Figuren und Gestühl ausgestattet. Nach der Reformation in Württemberg 1534/35 widmete Herzog Ulrich den Chorraum zur Grablege des württembergischen Fürstenhauses um. In den folgenden Jahrzehnten entstanden kunstvolle Grabmäler, geschaffen von bedeutenden Bildhauern der Spätgotik und der Renaissance. Dazu gehören u.a. die Sarkophage der Gräfin Mechthild von der Pfalz, der Mutter Eberhards im Bart, von Herzog Eberhard im Bart, von Herzog Ulrich von Württemberg, von Ulrichs Sohn und Nachfolger, dem Herzog Christoph, und seiner Gemahlin Anna Maria.

Ein außergewöhnlicher Blickfang sind die hohen Glasfenster, die das Licht in unzähligen Farbtönen filtern und dem gesamten Raum eine lebendige Atmosphäre verleihen. Diese viel gerühmten Kunstwerke wurden um 1480 vom Straßburger Meister Peter Hemmel von Andlau geschaffen. Die drei mittleren Fenster zeigen noch eine mittelalterliche Verglasung. Fast original erhalten ist das Fenster in der Mitte, das die Geschichte Marias erzählt. Es wurde gestiftet von Graf Eberhard im Bart und seiner Gemahlin Barbara Gonzaga, die in der unteren Reihe mit dem Heiligen Georg abgebildet sind. Besonders interessant ist auch eines der frühesten Professorenbilder, das die fünf gelehrten Chorherren und ersten Tübinger Professoren zeigt, die 1477 von Sindelfingen nach Tübingen kamen.

Beim Rückweg durch das Mittelschiff gewahrt man die eindrucksvolle Große Orgel am Westportal. Die 1965 von der Firma Fritz Weigle in Echterdingen gebaute Orgel wurde 2001/02 durch die Werkstatt für Orgelbau Rensch aus Lauffen grundlegend überholt. Mit ihren fast 5000 Pfeifen begeistert sie Musikliebhaber bei den Tübinger Motetten, den Konzerten des Tübinger Orgelsommers und vielen anderen Anlässen.

Der Turm der Stiftskirche entstand Ende des 15. Jahrhunderts. In der doppelstöckigen Turmstube von 1529 wohnte bis 1924 der Türmer, der Tag und Nacht über die Stadt wachte und Ausschau nach Bränden hielt. Der Turm kann vom Chorraum aus bestiegen werden. 169 Treppenstufen geht es hinauf, vorbei an der Uhr und dem Glockenstuhl bis zum offenen Laufgang rings um den Turm in 45 Metern Höhe. Wer den Aufstieg geschafft hat, wird mit einem herrlichen Rundblick belohnt auf die Stadt und die Schwäbische Alb bis hin zum Schwarzwald.

Regelmäßig ertönen vom Turm die berühmten Stiftskirchenglocken. Ausgestattet mit speziellen Schlaghämmern, können sie alle Töne einer Tonleiter anschlagen. Das Glockenspiel lässt täglich mittags und abends Melodien über die Stadt erklingen. Selbst komplette Choralmelodien sind möglich. Die beiden ältesten Stiftskirchenglocken (um 1310), unzugänglich in der Turmspitze, können dabei nicht mitspielen.

*Ein Musikerlebnis besonderer Art bietet seit vielen Jahrzehnten das **Turmblasen** des Tübinger Posaunenchores. Jeden Sonntagmorgen steigen die Bläser bei jedem Wetter gegen 8 Uhr mit Posaunen und anderen Blasinstrumenten auf den Turm der Stiftskirche und spielen in alle vier Himmelsrichtungen ihre Musikstücke, die in der ganzen Altstadt zu hören sind. Besonders aufregend für die Musiker ist das traditionelle Silvesterblasen nach dem Glockengeläut um Mitternacht. Selbst strömendem Regen, Schneegestöber und eisiger Kälte trotzen die Bläser oben auf dem Turm und die Zuhörer unten auf dem Holzmarkt.*

[23] Alte Aula

Universität
1477 gründete Graf Eberhard im Bart die Universität Tübingen. Sein Wahlspruch lautete »Attempto!« (»Ich wag's!«). Anfangs war die Lehranstalt geistig, personell und finanziell eng mit dem reichen Sindelfinger Chorherrenstift verknüpft. In der Stiftskirche fand die Gründung statt, die Stiftsherren waren die ersten Professoren. In zwei Fachwerkgebäuden neben der Kirche (Münzgasse 22–26) begann 1477 die Lehrtätigkeit. Den Namen Eberhard Karls Universität erhielt sie 1769 von Herzog Karl Eugen, der seinen Namen dem des Gründers hinzufügte. Heute gibt es sieben Fakultäten mit rund 28 400 Studierenden.

Vor dem Haupteingang der Stiftskirche beginnt die Münzgasse, eine der ältesten Straßen Tübingens. Ihren Namen verdankt sie dem Tübinger Pfennig, der im heutigen Gebäude Münzgasse 6 geprägt wurde. 1472 erneuerte Eberhard im Bart die Münze. Das Ensemble historischer Gebäude besteht aus ansehnlichen Fachwerkhäusern und den ältesten Einrichtungen der Universität. Eines der markanten Gebäude ist die Alte Aula. Erst beim Blick über die Mauer erkennt man die gewaltigen Ausmaße des Gebäudes. 300 Jahre lang bildete sie als »Universitätshaus« oder »Aula Nova« das Zentrum der Universität Tübingen. Hier befanden sich der Sitz des akademischen Senats mit Festsaal und Tagungsräumen, die Hörsäle und die Bibliothek. Das Haus entstand 1547/49 auf den Resten von zwei Vorgängerbauten, die 1534 ganz bzw. teilweise abgebrannt waren. 1777, zum 300-jährigen Universitätsjubiläum, ließ Herzog Karl Eugen das Gebäude grundlegend im klassizistischen Stil umbauen und erweitern. Die Seite zur Münzgasse erhielt eine repräsentative Gestaltung. Am Giebel befindet sich das herzogliche Wappen, im Gitter des Balkons sieht man das Wappen der Universität – zwei gekreuzte Zepter sind Symbol ihrer eigenen Gerichtsbarkeit und Unabhängigkeit. Als 1845 die Neue Aula in der Wilhelmstraße fertiggestellt war, zog der Hauptsitz der Universität dorthin um. Seitdem trägt das Haus in der Münzgasse den Namen Alte Aula. Heute wird es weiterhin von der Universität genutzt. Bei der mehrjährigen Sanierung bis 2012 wurden eine Decke mit Malereien von 1547 freigelegt sowie ein Vortrags- und Festsaal eingerichtet.

[24] Universitätskarzer

Nicht weit entfernt entdeckt man auf der gleichen Straßenseite eine alte Pforte mit Rundbogen. Dahinter führt ein schmaler verwinkelter Gang zu den zwei kleinen tonnengewölbten Räumen des Universitätskarzers, der derzeit leider nicht besichtigt werden kann. Er wurde 1515 im Untergeschoss eines 1491 erbauten Fakultätshauses eingerichtet. Bis 1845 diente er als Arrestzelle und gilt als der älteste noch erhaltene akademische Karzer in Deutschland. Die Wände wurden 1736 mit ermahnenden Schwarz-Weiß-Malereien biblischen und antiken Inhalts versehen, um Graffiti vorzubeugen. Karzerstrafen verhängte der Senat mit dem obersten Richter für Universitätsbürger (Professoren, Studenten, Dienstpersonal, Handwerker, Drucker) bei Vergehen wie heimlichen Eheverlöbnissen, Saufgelagen, Fernbleiben von Predigten, Verstößen gegen die Kleiderordnung, Würfelspiel und Randalieren.

Friedrich Wilhelm Joseph von Schelling
1775–1854, Philosoph. Schelling studierte 1790–1795 am Evangelischen Stift in Tübingen. Er pflegte eine enge Freundschaft mit seinen Kommilitonen Hegel und Hölderlin und wurde ebenfalls zu einem bedeutenden Vertreter des deutschen Idealismus, Bereits als 23-Jähriger erhielt Schelling eine Professur in Jena und lehrte später an den Universitäten Würzburg, München, Erlangen und schließlich in Berlin. Sein Werk weist eine große thematische Breite auf und hat eine weitreichende Wirkungsgeschichte.

[25] Martinianum

Das Gebäude gegenüber der Alten Aula, Münzgasse 13, entstand Mitte des 17. Jahrhunderts als Wohnheim für Studenten. Ab 1683 wurde es von der damals bedeutenden Stiftung Martinianum genutzt. Sie war bereits 1509 von den Theologen Georg Hartsesser und Martin Plantsch gegründet worden, um bedürftigen Studenten kostenlose Unterkunft und ein freies Studium zu ermöglichen. Einige wurden später berühmte Persönlichkeiten, wie der Schriftsteller Justinus Kerner. 1923 übernahm das Tübinger Studentenwerk das Wohnheim, bis es 1936 zur Polizei- und Gestapo-Dienststelle wurde. Nach dem Krieg war hier bis 1976 weiterhin die Polizei untergebracht. Nach kurzem Leerstand besetzten Studierende das Haus. Inzwischen ist die »Münze« seit rund 40 Jahren ein selbstverwaltetes Wohnprojekt mit alternativem Anspruch, mit Hausbar und Blauem Salon, in dem Konzerte und Lesungen stattfinden – hinein kommt nur, wer irgendwie dazu gehört. Touristen grübeln indessen über das Schild am Giebel mit der Aufschrift: »Hier kotzte Goethe«. Aufschluss gibt eine Geschichte über Goethes Aufenthalt nebenan im Cotta-Haus.

Johann Friedrich von Cotta
1764–1832, Verleger und Politiker. 1787 übernahm er das 1659 in Tübingen gegründete Familienunternehmen, die Cotta'sche Verlagsbuchhandlung. Ihm gelang der Ausbau des Unternehmens zum bedeutendsten Verlag der deutschen Klassik. Zu seinen Autoren gehörten Goethe, Schiller, Wieland, Herder, Hölderlin, Tieck, Kleist, Jean Paul, die Humboldts, die Schlegels sowie die Tübinger Romantiker Uhland, Kerner und Schwab. Er verlegte mehrere Zeitungen und Zeitschriften, u.a. »Die Horen«, den »Musen-Almanach« und die »Allgemeine Zeitung«. 1814 war Cotta Deputierter beim Wiener Kongress, wo er für die Unabhängigkeit des deutschen Buchhandels eintrat. Er engagierte sich für die Verbreitung der Lithographie und den Einsatz von Dampfmaschinen.

[26] Cotta-Haus

Johann Wolfgang von Goethe besuchte 1797 Tübingen. Im heutigen Cotta-Haus gegenüber der Stiftskirche befand sich damals die 1659 gegründete Cotta'sche Verlagsbuchhandlung. Der Verleger Johann Friedrich Cotta war seit 1787 dabei, sie zu großem Erfolg zu führen, indem er von hier aus »die Bücher der ersten Wissenschaftler und Literaten in die Welt« sandte. Sein berühmtester Autor war Goethe. Dieser wohnte im September 1797 als Gast bei Cotta. Zwar äußerte sich Goethe lobend über Schloss, Umgebung und die farbigen Fenster der Stiftskirche, aber gleichzeitig schrieb er an seine spätere Ehefrau Christiane Vulpius: »Die Stadt selbst ist abscheulich.« Diese Arroganz erboste später die alternativen Studenten in der »Münze«, die ihm frech eine Gedenktafel verpassten. Die Fassade von Cottas Wohnhaus besaß ab etwa 1725 eine barocke Malerei. Bei der Renovierung 1987 wurde sie wieder sichtbar. So ist das heutige Cotta-Haus eines der wenigen Beispiele des Barocks in Tübingen.

KLASSISCHE MÜNZEN
KLASSISCHE MÜNZEN
KLASSISCHE MÜNZEN
Absteigen!
ZONE

[27] Lange Gasse

Wappen des Herzogtums Württemberg (1495–1806): Das Portal des Wilhelmsstiftes zeigt das viergeteilte württembergische Wappen von 1593 aus der Zeit Herzog Ludwigs (Abb. siehe Umschlag). Im Schild links oben: drei schwarze Hirschstangen – das Stammwappen von Württemberg; rechts oben: Schwarz und Gold geweckt – die »Teckschen Wecken« des Herzogs von Teck; links unten: Goldene Fahne mit schwarzem Adler des Heiligen Römischen Reiches – seit 1495 die Reichssturmfahne des Reichsbanneramtes; rechts unten: zwei goldene Barben auf rotem Grund – das Zeichen der burgundischen Grafschaft Mömpelgard-Montbéliard.

Wieder angelangt am Holzmarkt, führt die Lange Gasse von der akademisch geprägten, wohlhabenden Oberstadt steil hinab in die Tübinger Unterstadt, in der früher die ärmeren Bürger wohnten. Diese geradlinige Straße ist tatsächlich die längste der Altstadt. Sie reicht bis zum Stadtgraben und zur Ammer, früher bis zur nördlichen Stadtmauer. Zu den interessantesten Häusern zählt die Nr. 2, sie ist nach neuen Erkenntnissen das zweitälteste Fachwerkhaus Tübingens (nach dem Ratskeller Haaggasse 4). Der Tübinger Professor und Verleger Erhard Cellius betrieb hier ab 1596 eine Druckerei mit Geschäft, woraus sich später die Buchhandlung Osiander entwickelte. In diesem Gebäude und im Nachbarhaus Nr. 4 wurde im Januar 1845 die erste Ausgabe der Zeitung »Tübinger Chronik« gedruckt. In den Häusern Nr. 6 und 8 richtete der Stiftskirchenpfarrer Martin Plantsch 1509 das Studentenwohnheim Martinianum ein, bevor es rund 150 Jahre später in die Münzgasse umzog. Beachtenswert ist das Haus Nr. 18, es war von 1511 bis 1892 ein Schlachthaus (wahrscheinlich schon der Vorgängerbau um 1484). Unter ihm fließt der Ammerkanal hindurch, der einst den gesamten Abfall, auch den des Schlachters, fortschwemmte. Heute ist das Alte Schlachthaus eine Druckwerkstatt und Galerie des Tübinger Künstlerbundes.

[28] Wilhelmsstift

An der Kreuzung Lange Gasse/Collegiumsgasse fällt linker Hand ein hohes Eckhaus mit Renaissanceportal auf, darüber das Wappen des Herzogtums Württemberg aus der Zeit von 1593. Zu lesen ist die einstige Bauinschrift: »Hie sollin studiern zu jeder Zeit, Herrn vom Adel und ander Leut.«

Ehemals befand sich an dieser Stelle ein Franziskanerkloster, 1272 gegründet, nach der Reformation 1535 aufgelöst. Nachdem es 1540 teilweise abbrannte, ließ Herzog Christoph in den verbliebenen Gebäuden ab 1559 eine herzogliche Hofschule einrichten, die junge Adelige auf den Staatsdient vorbereiten sollte. Unter Herzog Ludwig erbaute Landbaumeister Georg Beer mit Unterstützung von Heinrich Schickhardt 1588/92 die noch heute bestehende Vierflügelanlage im Stil der Spätrenaissance. Nach der Fertigstellung fand hier zunächst die Ausbildung von Adels- und Bürgersöhnen zu Staats- und höheren Verwaltungsbeamten statt. Ab 1596 entstand daraus eine exklusive Akademie für protestantische Adelssöhne aus ganz Europa, das »Collegium illustre«. In dieser Ritterakademie wurden sie in Politik, Geschichte, Jurisprudenz, Naturwissenschaften, modernen Fremdsprachen, Reiten, Fechten, Tanzen, Militärtechnik und Festungswesen unterrichtet. Der Dreißigjährige Krieg setzte der Blütezeit dieser

David Friedrich Strauß 1808–1874, Schriftsteller, Philosoph, Theologe. Strauß studierte ab 1825 am Stift in Tübingen, erhielt danach eine Stelle als Repetent am Stift und hielt philosophische Vorlesungen an der Universität. 1835 erschien seine Schrift »Das Leben Jesu, kritisch bearbeitet«, in der er starke Zweifel an der Zuverlässigkeit der biblischen Überlieferung äußerte, womit er Aufsehen erregte und in der Folge seine Repetentenstelle verlor. Fortan widmete er sich als Privatgelehrter der Schriftstellerei und Theologie.

Einrichtung ein Ende; 1688 wurde der letzte Kollegiat exmatrikuliert.

Heute beherbergt das Gebäude mit Zugang von der Collegiumsgasse das Wilhelmsstift, eine Wohn- und Ausbildungsstätte für katholische Theologen, das Gegenstück zum evangelischen Stift. Namensgeber war der württembergische König Wilhelm I. (1781–1864), der das Stift 1817, ein Jahr nach seinem Amtsantritt, als Priesterseminar neben der katholisch-theologischen Fakultät der Universität einrichten ließ. Sein 1806 gegründetes Königreich war durch katholische Gebiete erweitert worden, die Priester und Beamte brauchten.

[29] St. Johannes

In der Langen Gasse, unterhalb des Wilhelmsstiftes, führt ein idyllischer Fußweg unter hohen Bäumen an der Johanneskirche entlang. Am Beginn des Weges strahlt eine schöne Bronzefigur Anmut und Ruhe aus – die »Sitzende« von 1982, eine Skulptur des Bildhauers, Grafikers und Mitbegründers des Tübinger Künstlerbundes Wilhelm Pfeiffer.

Angelangt in der Froschgasse, beeindruckt rechter Hand das imposante Eingangsportal von St. Johannes. Die katholische Pfarrkirche in direkter Nähe zum katholischen Wilhelmsstift wurde ab 1875 durch Hofbaumeister Joseph von Egle in neogotischem Stil errichtet und 1878 geweiht. Sie entstand im Zuge wachsender religiöser Bedürfnisse nach den katholischen Gebietserweiterungen Württembergs zu Anfang des 19. Jahrhunderts und der Gründung einer Theologisch-Katholischen Fakultät der Universität 1817. Im 19. und frühen 20. Jahrhundert war sie zugleich Garnisonskirche.

Der Innenraum – Anfang der 1960er Jahre neu gestaltet – wird geprägt durch lichte Farben und seine eindrucksvollen Chorfenster. Die drei hohen Glasfenster stammen von Wilhelm Geyer aus Ulm. Der bedeutende Maler religiöser Themen ist berühmt für seine Bleiglasfenster, die sich u.a. im Kölner und im Münchener Dom sowie im Ulmer Münster finden. 1990 erhielt die Johanneskirche eine neue Orgel, ein klangvolles Instrument mit 39 Registern der österreichischen Firma Rieger Orgelbau. Seit 2012 besitzt sie außerdem eine moderne Truhenorgel des Orgelbaumeisters Jürgen Kopp aus Ostfriesland.

[30] Kornhaus

Stadtmuseum *Di–So 11–17 Uhr, Führung So 15 Uhr*

Am südlichen Ende der Froschgasse führt eine schmale Brücke über den Ammerkanal. Von hier aus bieten sich interessante Blicke in manchen Winkel der Unterstadt, in Richtung Neustadtgasse zum Beispiel auf den erhöhten Vorbau eines Hauses über dem Kanal. Dieses »Sprachhaus« war das Aborthäuschen: oben ein Sitz mit luftigem Loch, unten das Abwasser.

Nach einigen Schritten über den kleinen Platz biegt die Kornhausstraße ab. Rechter Hand unübersehbar: das Kornhaus. Der große Fachwerkbau besteht aus zwei Häusern. Der Längsbau entstand 1453 entlang des Ammerkanals. Der Querbau mit Giebel zur Straße kam 1512 hinzu. In der einst offenen Halle, dem Kornmarkt, fand der Getreidehandel statt. Mitte des 16. und Anfang des 17. Jahrhunderts wurden beide Gebäude verbunden und aufgestockt. In den Obergeschossen spielte sich geselliges bürgerliches Leben ab. Durchreisende Komödianten und Tübinger Studenten gaben Theatervorführungen; die Bürger und Studenten lernten Tanzen und Fechten; Feste, Versammlungen und Trinkgelage fanden statt. Im 18. Jahrhundert war im Kornhaus die Deutsche Knabenschule untergebracht, es folgten Klassen der Mädchenschulen und ab 1823

Charles Dumanoir *1629–1688, französischer Tanzmeister. Er unterrichtete mehr als 40 Jahre lang am »Collegium illustre« (heute Wilhelmsstift) die jungen Adligen in der damals modernen, barocken französischen Tanzkunst. Charles war der Bruder von Guillaume Dumanoir, Komponist und Leiter des berühmten Orchesters von König Ludwig XIV. in Paris. Somit besaß Tübingen eine direkte Verbindung zum französischen Hof. Der Tanzmeister heiratete 1652 Ursula Springer, die Tochter des Tübinger Bürgermeisters. In seiner freien Zeit gab er auch im Kornhaus Tanzunterricht. So kam die französische Tanzkunst bei den Tübinger Bürgern an.*

die Realschule. 1892 zogen der Kornmarkt aus und die Feuerwehr, später das Rote Kreuz ein. 1985 begann eine umfangreiche Sanierung mit archäologischen Grabungen und baugeschichtlichen Untersuchungen.

Seit 1991 befindet sich das Stadtmuseum im mehr als 500 Jahre alten Kornhaus. Die Dauerausstellung im zweiten und dritten Stock bietet in neun Räumen einen Streifzug durch 500 Jahre Tübinger Stadtgeschichte. Das anschauliche Stadtmodell zeigt Tübingen im Jahr 1819, damals noch mit Stadtmauer, die ab 1829 abgetragen wurde. Hörstationen des Tübinger Geräuscharchivs laden ein, Tübingen mit den Ohren zu erkunden – alltägliche und verlorengegangene Töne aus Fabriken, Bahnhöfen, Kirchen wecken Erinnerungen oder geben Rätsel auf.

Im ersten Stock ist eine Dauerausstellung der virtuosen Scherenschnittkünstlerin Lotte Reiniger gewidmet. Ihr Nachlass wurde im Stadtmuseum inventarisiert und zum Teil restauriert. Danach eröffnete das Museum im Jahr 2008 die Ausstellung »Die Welt in Licht und Schatten: Scherenschnitt, Schattentheater, Silhouettenfilm«, die das bahnbrechende Werk von Lotte Reiniger informativ und umfassend vorstellt.

Im Foyer, Erdgeschoss und Treppenhaus gibt es wechselnde Sonderausstellungen zu Themen der Stadtgeschichte, über Persönlichkeiten, die aktuelle Stadtentwicklung sowie zur Kunst- und Kulturgeschichte.

Lotte Reiniger
1899–1981, Scherenschneiderin. Seit ihrer Jugend in Berlin praktizierte Reiniger die Kunst des Scherenschnitts und verwendete diese für ihre Silhouettenfilme. 1923 bis 1926 produzierte sie den ersten abendfüllenden Animationsfilm »Die Abenteuer des Prinzen Achmed«. Sie arbeitete mit den Komponisten Paul Dessau, Kurt Weill, Paul Hindemith und war Teil der Literaturszene um Bertolt Brecht. Nach 1945 wirkte sie für die Berliner Schattenbühne, in London für die BBC, für Theater in Glasgow und Coventry. Lotte Reiniger prägte entscheidend das moderne europäische Schattentheater. Ihre letzten Lebensjahre verbrachte sie in Dettenhausen bei Tübingen.

Marktgasse

[31] Marktgasse

Gegenüber dem Kornhaus lohnt sich ein Blick in die Marktgasse, eines der schönsten Gässchen der Altstadt. Auf holprigem Kopfsteinpflaster und zwischen schiefen Fachwerkhäuschen führt die Marktgasse direkt zum Marktplatz hinauf. Besonders urig ist das schmale schiefe Haus Nr. 15. Kleine Schmuck-, Geschenke- und Designerläden reihen sich mit bunten Angeboten aneinander. In der »Alten Kunst«, dessen Inhaber 1969 die erste Pizza auf Tübinger Teller brachte, kann man italienisch speisen und in der traditionsreichen Kneipe »Chez Michel« gemütlich einen Drink genießen. Zwischen der Marktgasse Nr. 6 und 8 erreicht man die Lammhofpassage mit modernen Geschäften.

[32] Krumme Brücke und Ammergasse

Die einst arme Unterstadt, von Handwerkern, Gärtnern und Feldleuten bewohnt, war, wie Goethe 1797 schrieb, »äußerst schlecht und bloß notdürftig bebaut«, die Straßen »von dem vielen Mist äußerst unsauber«. Wahrscheinlich hatte er recht.

Mitten in der Unterstadt, wo die Kornhausstraße auf einen heute idyllischen Platz am Wasser mündet, befindet sich die Krumme Brücke. Sie führt über die

Neue Ammer, den Ammerkanal. 1398 erstmals erwähnt, verdankt sie ihren Namen wohl den krummen Eichenstämmen, aus denen sie gezimmert war. Das kleine Wasserbecken neben der Brücke, die Wette, diente als Viehtränke, Pferdeschwemme und zum Säubern von Fahrzeugen.

Hier beginnt die Ammergasse. Sie führt bis zum Haagtorplatz, an dem der Standort eines früheren Stadttores und Im Zwinger noch Reste der Stadtmauer zu entdecken sind. Mit Brückchen, Geländern und Geschäften lädt die Ammergasse entlang des Ammerkanals zum Bummeln ein. Bis ins frühe 19. Jahrhundert lebten hier neben anderen Handwerkern die Gerber und Färber. Vor ihren winzigen Häusern bearbeiteten sie an den Gerberstegen über dem Wasser die Felle, der Kanal nahm alle Abfälle auf. Seit 1493 zweigt er westlich der Stadt von der Ammer ab und fließt mit einer Länge von mehr als 4,5 Kilometern nach Osten quer durch die Altstadt. Bereits ab 1175 soll es hier einen Kanal mit ähnlichem Verlauf gegeben haben. Ob Gewerbe- und Löschwasser, Abwasserkanal oder Kloake – der Ammerkanal hatte für die Bürger der Unterstadt große Bedeutung. Außerhalb der Stadtmauer trieb er zudem mehrere Mühlen an. Trinkwasser allerdings lieferte er nicht. Dieses gelangte im Mittelalter von den umliegenden Hügeln in hölzernen Wasserleitungen in die Unterstadt und wurde in Zisternen gesammelt.

An der Krummen Brücke

Ammergasse

*Nach der Vertreibung der **Juden** aus Tübingen mit der Universitätsgründung 1477 war ihnen erst ab 1850 wieder ein Zuzug möglich. Sie errichteten 1882 in der Gartenstraße am Österberg eine Synagoge. 1886 hatte Tübingen bereits 106 jüdische Einwohner, 1910 waren es 139. Bei der Machtergreifung der Nationalsozialisten 1933 lebten noch 90 jüdische Einwohner in Tübingen. Nach der Pogromnacht vom 9./10. November 1938 und der Zerstörung der Synagoge gingen die meisten ins Exil. Die Verbliebenen wurden 1941/42 deportiert, von mindestens 18 ist die Ermordung in Konzentrationslagern bekannt.*

[33] Judengasse

Nahe der Krummen Brücke führt die etwas versteckt liegende Judengasse in das Stadtviertel, in dem im Mittelalter die Tübinger Juden lebten. Die ersten siedelten sich in Tübingen wahrscheinlich im 12./13. Jahrhundert an. Ihre Niederlassung unter dem Schutz der Pfalzgrafen von Tübingen ist seit 1335 urkundlich belegt. Die Judengasse fand 1398 erstmals Erwähnung. Zwischen den Gebäuden Judengasse 2 und 4 stand vermutlich eine erste mittelalterliche Synagoge neben anderen jüdischen Einrichtungen wie dem Gemeindehaus. In den Kellern der Häuser, deren Grundmauern teilweise noch aus dem 13. Jahrhundert stammen, finden sich wannenartige Brunnen, die eventuell als rituelle Bäder dienten. Eine kleine Sackgasse mit schmalen schrägstehenden Häusern trägt den Namen »Süßenloch«, der auf den jüdischen Namen »Süß« eines einstigen Bewohners zurückgeführt wird. Bereits während der Pestwelle von 1348/49 kam es zu Verfolgungen. Als Graf Eberhard im Bart 1477 die Universität in Tübingen gründete, ließ er die Juden aus ihrem Quartier und der Stadt vertreiben. Fast 400 Jahre lang blieb ihnen Tübingen verwehrt.

[34] Bürgerheim

Auf der anderen Seite der Krummen Brücke steht ein langgestreckter, zweigeschossiger Fachwerkbau aus dem frühen 16. Jahrhundert, das Bürgerheim. Das inzwischen verputzte, frisch renovierte Haus mit seinem weithin sichtbaren Uhrentürmchen ist seit 1999 ein Seniorenheim. Das historische Gebäude wird seit Bestehen für barmherzige Zwecke genutzt. Es gehörte früher mit dem dahinter liegenden Komplex und dem Innenhof zum städtischen Spital, das die Tübinger Pfalzgrafen bereits um 1260/70 gegründet hatten und das als ältestes in Württemberg gilt. Laut einem »Bettelbrief« von 1291 sollten »Arme aufgenommen werden, Hungernde und Dürstende Speis und Trank erhalten, Reisende Unterkunft finden, Kranke besucht werden, arme Frauen bei der Geburt von Kindern Fürsorge erfahren und Findelkinder aufgezogen« werden. Im Spätmittelalter allerdings belegten wohlhabende Stadtbürger das Haus, um im Alter gepflegt zu werden.

Rechts: Judengasse

[35] Jakobuskirche

Linker Hand der Krummen Brücke führt die Jakobsgasse zur evangelischen Jakobuskirche. Ihr Kirchenschiff entstand um 1200 als romanische Kapelle. So ist die Jakobuskirche, auch Spitalkirche genannt, die älteste erhaltene Kirche Tübingens. Sie wurde auf ca. 14 Meter langen Eichenpfählen gegründet, um dem Bau im meterdicken Schlick des Ammertales einen festen Halt zu geben. Im Frühjahr stand sie oft unter Wasser. Deshalb wurde sie um 1500 um etwa 2,50 Meter aufgefüllt und ihr Umfeld angehoben. Gleichzeitig erfolgte ein gotischer Umbau. So betritt man heute die Kirche durch ein gotisches Portal. Der Innenraum wird von einer Holzbalkendecke und dem farbenprächtigen Netzgewölbe des Chorraumes geprägt. Zu bewundern sind interessante Kapellen-Schlusssteine aus dem 16. Jahrhundert, Epitaphien und Grabsteine. Der schönste, von etwa 1500, steht neben dem Taufbecken und zeigt das Ehepaar Spengler in frommer Haltung. Das bemerkenswerteste Objekt ist die sogenannte Sonnenfigur, bestehend aus drei Teilen mit konzentrischen Kreisen, deren Herkunft und Bedeutung Rätsel aufgeben.

An der Nordseite der Jakobuskirche, seit jeher Zentrum der Unterstadt, lädt ein stiller Platz mit Bäumen zum Ausruhen ein, wenn nicht gerade Samstagmorgen ist und er von einem kleinen Markt belebt wird.

»Sonnenfigur«

[36] Weingärtnerviertel

Die Jakobuskirche steht mitten im alten Tübinger Weingärtnerviertel, der so genannten Gôgei. Hier lebten neben Handwerkern und Tagelöhnern über Jahrhunderte hinweg Weingärtner, die Gôgen. Sie bildeten eine unverwechselbar eigenständige Gruppe im universitären Tübingen. Mit dem Ende des Weinanbaus Anfang des 20. Jahrhunderts verschwand die starre Abgrenzung, andere Berufsgruppen und wohlhabendere Bürger zogen ein. Den Unterschied zur Oberstadt aber sieht man noch in der Architektur und in der Anordnung der Straßen und Plätze. Heute hat das alte Weingärtnerviertel mit seinen Handwerkern, Künstlern und kleinen Läden einen besonderen Charme.

In der Salzstadelgasse erinnert die Skulptur »Der Wengerter« (1961) von Ugge Bärtle an den einstigen Weinbau. Im Eckhaus Mordiogässle nebenan wurden 120 Jahre lang Pferde beschlagen; jetzt stellt Ulrich Scheel in Urgroßvaters Schmiede Keramik her. In der Jakobsgasse 22 erfährt man im Weinhaus Schmid alles über Weingärtnertradition und Tübinger Wein. Schräg gegenüber montiert Dieter Baumann im »Radnabel« sein neuestes Komfort-Liegefahrrad. Mit etwas Glück erhascht man an der Ecke Madergasse einen Blick in die Sattlerwerkstatt von Esther Armbruster im fast 400 Jahre alten Handwerkerhaus.

Woher die Bezeichnung ***Gôgen*** *für die Tübinger Weingärtner kommt, lässt sich bis heute nicht klären. Sie galten als arm, derb und geradeheraus, mit Mutterwitz und Schlagfertigkeit begabt, was die berühmten Gôgen-Witze beweisen. In einer Beschreibung des Oberamtes Tübingen von 1867 wird der Gôg so charakterisiert: »Von ausnehmend hartem, zähen Stoff, leistet er in der Arbeit Außergewöhnliches und repräsentiert nahezu eine mittlere Pferdekraft, ermangelt dafür aber aller jener Gefühle, welche man unter dem Begriff Pietät zusammenfasst.« Das Wort Gôg wird mit einer Mischung aus o und a ausgesprochen, mehr zum a hin als zum o.*

Schmiedtorstraße

Jakobsgasse 14

[37] Salzstadel

Gegenüber dem Eingang der Jakobuskirche fällt ein dreigeschossiger Fachwerkbau auf – das ehemalige städtische Speichergebäude aus der Mitte des 16. Jahrhunderts. Früher diente der Salzstadel zur Lagerung von Salz für die Haltbarmachung von Lebensmitteln. 1976 wurde er zum städtischen Bürgerhaus ausgebaut und 1996 um das evangelische Gemeindehaus erweitert. In der Scheuer nebenan befinden sich Räumlichkeiten für Veranstaltungen der Tübinger Vereine und für Ausstellungen. Alljährlich an einem Wochenende im Mai/Juni gibt es auf dem früheren Viehmarkt an der Jakobuskirche den Markt der Möglichkeiten: Dann präsentieren etwa 70 Aussteller traditionelle Handwerkskunst und modernes Kunsthandwerk.

[38] Fruchtkasten

*»**Alte Weinstube Göhner**« Di 18–23 Uhr,*
Mi–Sa 12–14/18–23 Uhr

Durch die Madergasse gelangt man zur »Alten Weinstube Göhner« (Schmiedtorstraße 5), eine der ältesten und sehenswertesten Gaststätten Tübingens. Sie gehört seit mehr als 170 Jahren zur Unterstadt. Holztäfelung, urige Malerei und passende Sprüche an den Wänden, der mächtige Stammtisch und seine Geschichten schaffen eine unverwechselbare Atmosphäre. Die Gerichte, die Weine und der Wirt – alles echt schwäbisch.

In der Schmiedtorstraße/Ecke Bachgasse steht der gewaltige Fruchtkasten mit seinem alemannischen Fachwerk aus dem späten 15. Jahrhundert. Er zählt zu den ältesten und schönsten Fachwerkbauten der Stadt. Seine Balken bestehen aus bis zu 800 Jahre altem Eichenholz. Der Fruchtkasten wurde 1474 als herzoglicher Speicher und Weinkelter erbaut. Zuerst lagerte insbesondere Getreide in den Hallen und im mehrstöckigen Dachstuhl, später auch Hopfen. In der 28 Meter langen, 18 Meter breiten Halle im Erdgeschoss standen die Kelterbäume, in denen die Weintrauben gepresst wurden. 1770 erfolgte eine Erneuerung, 1909 der Umbau zur Gewerbeschule. 2003 fand eine umfangreiche Restaurierung statt, die Räume erhielten ihren ehemaligen Hallencharakter zurück. Seitdem befindet sich im Fruchtkasten das Bürgeramt der Stadtverwaltung Tübingen.

Hinter dem Fruchtkasten, auf der Straße Bei der Fruchtschranne, findet man am Gebäude eine Hand mit »Wecken«, einem kleinen Brot, das für die Armenspeisung steht und Zeichen des nahegelegenen Spitals war.

Ernst Bloch
1885–1977, Philosoph. Bloch emigrierte 1936 nach Prag, 1939 in die USA. Als Marxist übersiedelte er 1949 in die DDR, übernahm den Lehrstuhl für Philosophie an der Universität Leipzig. Ab 1953 war er Herausgeber der »Deutschen Zeitschrift für Philosophie«. Seit dem Aufstand in Ungarn 1956 kritisierte Bloch den starren Marxismus in der DDR, was 1957 zur Emeritierung führte. 1961 kehrten Ernst und Karola Bloch von einer BRD-Reise nicht in die DDR zurück. Bloch nahm mit 76 Jahren eine Gastprofessur an der Universität Tübingen an und wurde zum geistigen Vater der Studentenbewegung der späten 1960er Jahre.

[39] Stiefelhof

Georg Wilhelm Friedrich Hegel
1770–1831, Philosoph. Hegel studierte ab 1788 evangelische Theologie und Philosophie in Tübingen. Hier fand er Aufnahme im Tübinger Stift, wo er in regem geistigen Austausch mit Hölderlin und Schelling stand. Unter dem Eindruck der Französischen Revolution protestierten sie gegen die politischen und kirchlichen Zustände. Später war Hegel Privatdozent in Jena, Rektor am Gymnasium in Nürnberg, Professor für Philosophie an der Universität Heidelberg sowie ab 1818 Professor und Rektor der Berliner Universität, mit nachhaltiger Wirkung weit über seinen Tod hinaus.

Von der Gasse Bei der Fruchtschranne gelangt man über die Neustadtgasse zum versteckten Stiefelhof, einem verwunschenen und doch höchst lebendigen Ort. Der kleine Platz und das Haus Stiefelhof 5 sind nach dem Ledergerber Konrad Stivel benannt, der im 14. Jahrhundert hier ein Anwesen besaß. 1323 wurde es erstmals urkundlich erwähnt mit den Worten »Stiefel, des Ledergerbers Gesäß«. Möglicherweise ist dieses Haus damit das älteste erwähnte Haus Tübingens und der Rest einer mittelalterlichen Hofanlage. Heute ist hier ein Kindergarten untergebracht. In der Neustadtgasse Nr. 10 befand sich das Rathaus, bevor Mitte des 15. Jahrhunderts am Marktplatz ein repräsentativeres Rathaus gebaut wurde. Nach einigen Metern kommt man zurück in die Froschgasse, geht nach links und gelangt auf dem Fußweg neben der Johanneskirche wieder zur Langen Gasse.

[40] Nonnenhaus

Ein Durchgang am Alten Schlachthaus führt am Ammerkanal zum Nonnenhaus. Das Fachwerkhaus aus dem 15. Jahrhundert ist mit 30 Metern Länge eines der größten in der Tübinger Altstadt. Es wurde 1488 für Dominikanerinnen erbaut, später von Beginen bzw. Klausnerinnen genutzt. Sie führten als Nonnengemeinschaft (ohne Ordensgelübde) ein religiöses, eheloses Leben und übernahmen wohltätige Aufgaben. Die mittelalterliche Wohn- und Arbeitsstruktur des Hauses mit den ehemaligen Gemeinschaftsräumen im Erdgeschoss ist bis heute erkennbar. Ein äußerer Treppenaufgang führt zu einem Vorbau, früher als »Sprachhaus« bezeichnet, im ersten Stock – dem mittelalterlichen Abort der Nonnen direkt über dem Ammerkanal.

Nach der Reformation 1534 bewohnte der Medizinprofessor und Botaniker Leonhart Fuchs mit Ehefrau und zehn Kindern das Haus. Er legte um 1540 zwischen Nonnenhaus und Ammer einen der ersten botanischen Gärten Europas an. 1543 schrieb er hier sein berühmtes »New Kreüterbuch«, das erste Kräuterbuch in deutscher Sprache. Es liegt als gewaltiges steinernes Buch vor dem Nonnenhaus. Die heutigen Eigentümer sanierten das 2007 erworbene Gebäude denkmalgerecht, ökologisch und mit alten Techniken. Es ist nicht nur Wohnhaus. Auch das »BuchKaffee Vividus«, die »Galerie dreiraum« sowie eine Meisterwerkstatt für Geigenbau gibt es hier. Sogar der Kräutergarten von Leonhart Fuchs wurde nach historischem Vorbild neu angelegt.

Leonhart Fuchs
1501–1566, Mediziner und Botaniker. Fuchs war ab 1535 Medizinprofessor und sieben Mal Rektor der Universität Tübingen. Sein Arzneipflanzengarten, der erste botanische Garten der Universität, zählt zu den ältesten der Welt. Fuchs gilt als einer der Väter der Pflanzenkunde; 1542 erschien sein erstes Kräuterbuch »De Historia Stirpium commentarii insignes«, 1543 das »New Kreüterbuch« als deutsche Ausgabe. Darin werden jeweils mehr als 400 europäische und 100 exotische Pflanzen beschrieben und in 511 Holzschnitten dargestellt. Nach Fuchs ist die Gattung der Fuchsien in der Pflanzenfamilie der Nachtkerzengewächse benannt.

[41] Museum

Nicht zu übersehen, liegt neben dem Alten Botanischen Garten, an der verkehrsreichen Kreuzung Am Stadtgraben/Wilhelmstraße, das sogenannte Museum – ein Haus der Musen mit vielfältigem Kultur- und Kunstangebot. Es wurde 1822 erbaut und ist Sitz der 1821 als Lesegesellschaft gegründeten Museumsgesellschaft Tübingen, die heute hochkarätige Kulturveranstaltungen organisiert. Im Gebäude befinden sich mehrere historische Säle mit moderner Technik für Theateraufführungen und Konzerte, für Feste, Vorträge, Kongresse und Tagungen, außerdem ein Kino und ein Restaurant, eine Bibliothek mit wertvollen historischen Büchern, eine Tanz- und eine Yogaschule.

Hölderlin-Denkmal von Emmerich Andresen (1881)

[42] Alter Botanischer Garten

Auf den Spuren des Botanikers Leonhart Fuchs führt der Weg zum nicht weit entfernten Alten Botanischen Garten. Er wurde 1805 als Einrichtung der Universität mit Arboretum, Gewächs- und Palmhäusern angelegt. Als 1969 der neue Botanische Garten in der Nähe der neuen Naturwissenschaftlichen Institute entstand, wurde der alte Garten mit seinen exotischen Bäumen zum Stadtpark und beliebten Freizeittreff.

[43] Neue Aula

Beiderseits der Wilhelmstraße dehnt sich in der Wilhelmvorstadt die Eberhard Karls Universität mit zahlreichen Instituten, Bibliotheken, Mensa, Clubhaus und Verwaltung aus. Ab 1841 ließ das Königreich Württemberg für seine Landesuniversität ein neues Quartier auf freiem Feld errichten: die Wilhelmvorstadt. Im Zentrum des Ensembles steht die Neue Aula. Sie wurde 1845 eingeweiht. An der Hauptfassade zur Wilhelmstraße ist oberhalb der zweiten Etage in goldenen Lettern das alte und neue Motto zu lesen: »Attempto!« (Ich wag's!) Der dreigeschossige klassizistische Prachtbau mit drei Gebäudeflügeln verfügt über einen großen Festsaal und 14 Hörsäle. Die beiden Brunnen vor dem Hauptportal waren das Geschenk der Stadt zum 400-jährigen Universitätsjubiläum im Jahr 1877. Sie wurden 1931 entfernt, danach diente der weiträumige Platz für nationalsozialistische Aufmärsche. Seit 1999 stehen die Brunnen wieder vor der Aula auf dem heutigen Geschwister-Scholl-Platz. Eine Kunstgießerei hat sie nach historischen Abbildungen neu gegossen und wieder errichtet. In der Neuen Aula befindet sich heute die juristische Fakultät der Universität.

Der Weg zurück führt wieder ins Gassen-Labyrinth der Altstadt. Stadtauswärts gelangt man mit dem Bus ab Wilhelmstraße zum Kloster und Schloss Bebenhausen.

Walter Jens
1923–2013, Altphilologe, Literaturhistoriker, Schriftsteller. Ab 1956 war Jens Professor für Klassische Philologie an der Universität Tübingen, 1963 bis 1988 hatte er hier den bundesweit ersten Lehrstuhl für Allgemeine Rhetorik inne. Der Universalgelehrte schrieb Romane, Essays, Dramen und prägte die tolerante Streitkultur in Deutschland wie kein anderer. Er war Präsident des PEN-Zentrums. Als Präsident der Akademie der Künste zu Berlin 1988–1997 gelang Jens die schwierige Vereinigung von West- und Ostakademie. Seit 1951 war er mit Inge Jens, einer Literaturwissenschaftlerin und Publizistin, verheiratet.

[44] Kloster und Schloss Bebenhausen

Kloster *Apr.–Okt.: tägl. 9–18 Uhr; Nov.–März: Di–So 10–17 Uhr;* **Schloss** *nur mit Führung: Apr.–Okt.: tägl. 11/12/14/15/16/17 Uhr; Nov.–März: Di–So 14/15 Uhr (Anreise: Buslinien 754/826/828 ab Hbf./Wilhelmstraße)*

Am Rande des Schönbuchs, eines weiten Waldgebietes nördlich von Tübingen, liegt malerisch das ehemalige Zisterzienserkloster Bebenhausen. Umgeben von einer mächtigen Mauer, gehört es zu den eindrucksvollsten mittelalterlichen Klosteranlagen Süddeutschlands. Das Kloster wurde 1183 von Pfalzgraf Rudolf von Tübingen gegründet und einige Jahre später vom Zisterzienserorden übernommen. Bald gehörte es zu den reichsten Klöstern im Land. Seine Blütezeit erlebte es vom 13. bis 15. Jahrhundert. Nach Einführung der Reformation durch Herzog Ulrich von Württemberg 1534 wurde es aufgelöst und beherbergte ab 1556 eine Schule zur Ausbildung evangelischer Pfarrer. Noch zweimal gab es in der ersten Hälfte des 17. Jahrhunderts klösterliches Leben, bevor die Mönche 1648 das Kloster endgültig verließen. 1807 ging Bebenhausen in königlichen Besitz über, 1868 wurden Teile der Anlage zum Jagdschloss umgebaut. Nach dem Zweiten Weltkrieg tagte in Bebenhausen

Schreibturm

der Landtag des Landes Württemberg-Hohenzollern (bis 1952). Weitere Teile der Abteianlage wurden als Depot und Archiv genutzt.

Das Herzstück des Klosters ist der Klausurbereich mit der Kirche, dem Kreuzgang und allen sich daran anschließenden Räumen. An der höchsten Stelle des Areals erhebt sich die Klosterkirche St. Marien. Sie wurde ab etwa 1191 als dreischiffige schlichte Pfeilerbasilika errichtet. Erste Veränderungen im hochgotischen Stil erfolgten ab 1320. 1407/09 erhielt sie den steinernen Vierungsturm. Mit seinem durchbrochenen Helm, originellem Zierwerk und dem noch heute von Hand betriebenem Geläut stellt er das weithin sicht- und hörbare Wahrzeichen des Klosters dar. Das Klostergeläut ist eines der wenigen erhalten gebliebenen mittelalterlichen Glockenensembles einer Zisterzienserkirche. Aus den Jahren von 1466 bis 1522 stammt das Stern- bzw. Netzgewölbe. Im 17. und 18. Jahrhundert erhielt die Klosterkirche eine dezente barocke Ausgestaltung mit Blockgestühl, Emporen und Hochaltar. Heute zeigt sich der Kirchenraum im Zustand des späten 16. Jahrhunderts mit Überformung des 19. Jahrhunderts.

Der als Kernstück der Klosteranlage geltende Kreuzgang, errichtet zwischen 1460 und 1512, war einst Passage, Wandelgang, Prozessionsweg und Meditationsraum. Die wichtigste Rolle spielte der an die Kirche

Kanzel der Klosterkirche

Kreuzgang mit Blick zur Klosterkirche

Winterrefektorium

direkt anschließende Nordflügel, in dem die abendlichen Lesungen stattfanden. Kunstvolle, in den Flügeln unterschiedlich gestaltete Netz- und Sternnetzgewölbe bestimmen den großartigen Gesamteindruck.

Im Ostflügel schließt sich der Kapitelsaal an. Dieser zweitwichtigste innerklösterliche Raum, in dem sich der Konvent zu Lesungen versammelte, Aufgaben verteilte und Verfehlungen bestrafte, besitzt ein imposantes Kreuzrippengewölbe über stämmigen Rundstützen mit einmaligen Kapitellen. Die Stilformen des Saales entsprechen burgundischer und nordfranzösischer Zisterzienserarchitektur.

Neben weiteren Sälen verdient insbesondere das lichtdurchflutete Sommerrefektorium, der Sommerspeisesaal der Mönche, besondere Beachtung. Die zweischiffige Halle mit Fächergewölbe ist ein Zeugnis gotischer Baukunst und wurde um 1335 auf den Resten des zerstörten Vorgängers errichtet. Nur drei schlanke Achteckpfeiler tragen das feine Sternengewölbe. Es gilt als bedeutendste Architekturleistung in Bebenhausen. Von außen imponiert der hohe Baukörper durch prächtige Maßwerkfenster und den aufgesetzten Giebelreiter an der Südseite. Als König Karl I. ab 1873 ins Schloss einzog, nutzte er auch die Klostergebäude. Das Sommerrefektorium verwandelte er in eine Art Rittersaal, Schauplatz für königliche Feste in mittelalterlicher Umgebung.

Im Westflügel der Klausur findet man das Winterrefektorium, das ursprünglich den Laienmönchen vorbehalten war. An der Wende zum 16. Jahrhundert wurde es zu einem beheizbaren Winterspeisesaal für die Herrenmönche umgebaut. Eindrucksvoll ist die hölzerne Tonnendecke aus geschnitzten Balken. Reste der Heizanlage sind noch im Boden erhalten. Auch König Karl nutzte das Winterrefektorium als Speisesaal, aus seiner Zeit stammen die noch heute vorhandenen neugotischen Tische und Stühle. Auf ihnen saßen zwischen 1947 und 1952 die 60 Abgeordneten des Landtages von Württemberg-Hohenzollern, denen das Winterrefektorium als Plenarsaal diente.

Seit dem Mittelalter besaß der Schönbuch große Bedeutung als Jagdgebiet. Unter Friedrich I. (1754–1816), den Napoleon 1803 zum Kurfürsten und 1806 zum König von Württemberg erhoben hatte, entwickelte sich Bebenhausen zum Mittelpunkt großer Hofjagden. Zu diesem Zweck wurde ab 1807 das ehemalige Abtshaus zum Jagdschloss umgebaut. Von baugeschichtlicher Bedeutung ist die historische Inneneinrichtung des Gästehauses, die sich an der Gotik und der Renaissance orientiert. Im Grünen Saal findet man Jugendstil. Nach dem Ende der Monarchie 1918 erhielt das württembergische Königspaar, Wilhelm II. und Charlotte, lebenslanges Wohnrecht in Bebenhausen. Sehenswerte Relikte dieser Zeit sind das Badezimmer und die Küche von 1915.

Hans Mayer
1907–2001, Literaturwissenschaftler, Schriftsteller. Als Jude und Marxist emigrierte er in die USA, kam 1945 nach Frankfurt/Main zurück und übersiedelte 1948 nach Leipzig, wo er eine Professur für Literaturwissenschaft annahm und zu einem einflussreichen Kritiker der neueren deutschen Literatur wurde. 1956 wurde Mayers Verhältnis zu den Machthabern in der DDR schwieriger, 1963 blieb er bei einem Verlagsbesuch in Tübingen. Nach der Emeritierung 1973 an der TH in Hannover lebte er als Honorarprofessor in Tübingen.

Kopfscher Bau

Tübingen an einem Tag. Ein Stadtrundgang
Herausgegeben von Mark Lehmstedt

Text: Christina Meinhardt
Lektorat: Kristina Schulze/Lehmstedt Verlag
Karte: OpenStreetMap-Mitwirkende, geodressing.de
Fotos: Günter Müller, außer: Hajo Dietz/Nürnberg Luftbild (S. U2, 16, 37, 60), Fritz König/Museum der Universität Tübingen MUT (S. 18 o.), Rose Hajdu (S. 32, 34 o., 35 u., 39), Rainer Halama/CC BY-SA 3.0 (S. 33)
Gestaltung: Mareike Bardenhagen/Lehmstedt Verlag
Druck: druckhaus köthen GmbH & Co. KG, Köthen (Anhalt)

Umschlag:
1: Rathaus
2: Neckarfront
3: Luftbild der Innenstadt
4: Neptunbrunnen auf dem Marktplatz
5: Wappen am Wilhelmsstift

1. Auflage, 2018
ISBN 978-3-95797-067-1